인문학적 성찰과 함께하는 자녀교육가이드

AI시대,
부모의 인문학 그림책코칭

인문학적 성찰과 함께하는 자녀교육가이드
AI시대, 부모의 인문학 그림책코칭

초판 1쇄 인쇄 2025년 11월 24일
초판 1쇄 발행 2025년 12월 8일

지은이 최미경

발행인 백유미 조영석

발행처 (주)라온아시아
주소 서울특별시 서초구 방배로 180 스파크플러스 3F

등록 2016년 7월 5일 제 2016-000141호
전화 070-7600-8230　　**팩스** 070-4754-2473

값 19,500원
ISBN 979-11-6958-239-1 (13190)

※ 라온북은 (주)라온아시아의 퍼스널 브랜드입니다.
※ 이 책은 저작권법에 따라 보호받는 저작물이므로 무단전재 및 복제를 금합니다.
※ 잘못된 책은 구입하신 서점에서 바꾸어 드립니다.

라온북은 독자 여러분의 소중한 원고를 기다리고 있습니다. (raonbook@raonasia.co.kr)

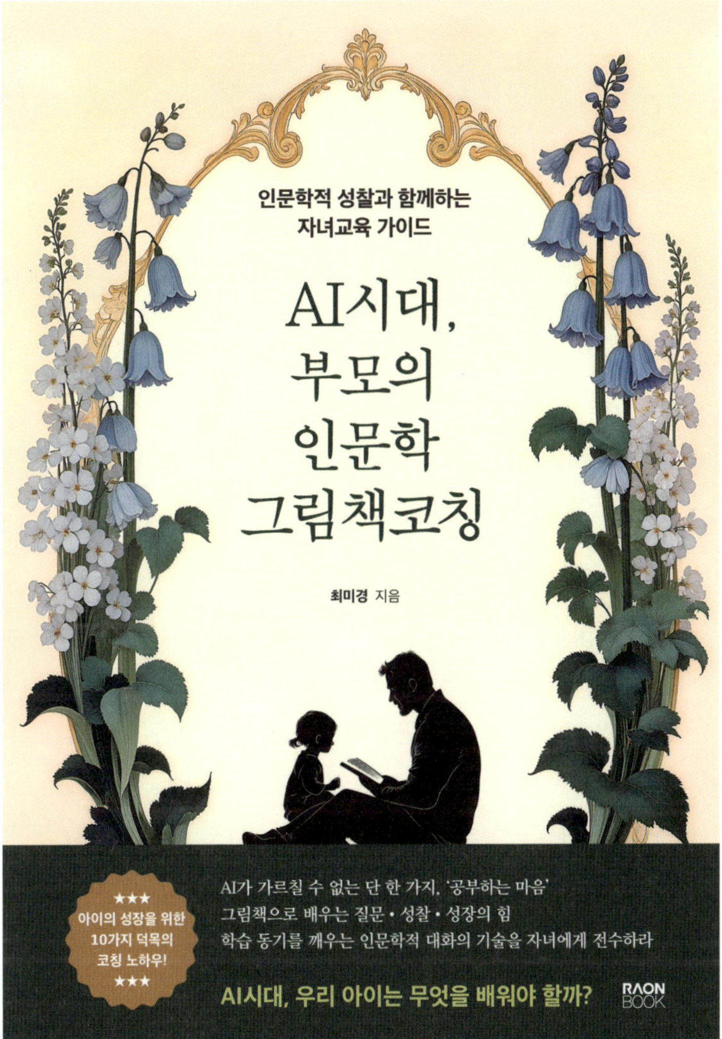
인문학적 성찰과 함께하는
자녀교육 가이드
AI시대,
부모의
인문학
그림책코칭
최미경 지음
★★★
아이의 성장을 위한
10가지 덕목의
코칭 노하우!
★★★
AI가 가르칠 수 없는 단 한 가지, '공부하는 마음'
그림책으로 배우는 질문 • 성찰 • 성장의 힘
학습 동기를 깨우는 인문학적 대화의 기술을 자녀에게 전수하라
AI시대, 우리 아이는 무엇을 배워야 할까?
RAON BOOK

RAON BOOK

Prologue

그림책 인문학으로 공부마음을 깨우다

　AI가 빠르게 발전하는 시대에 '배움'은 더 이상 지식 습득만을 의미하지 않는다. AI는 방대한 데이터를 바탕으로 언제든지 지식 기반의 질문에 빠르게 정보를 요약하고 답을 제시할 수 있다. 하지만 '왜 배워야 하는가', '무엇을 위해 살아야 하는가', '어떻게 살아갈 것인가'와 같은 삶의 근본적인 질문에는 AI가 정답을 내릴 수 없다. 삶의 의미와 가치는 각자 다르기 때문에 누구에게나 맞는 하나의 정답은 존재하지 않는다. 오히려 외부에서 주어진 답을 그대로 받아들이면 진정한 자기 이해와 성장의 기회를 놓칠 수 있다.

　정보가 넘치는 시대일수록 삶의 가치와 의미를 스스로 탐색하고, 내면에서 우러나는 동기를 발견하려는 노력이 중요하다. 질문하는 힘, 스스로 답을 찾는 성장, 내면의 동기와 자기 성찰은 오직 인간만이 할 수 있는 깊이 있는 배움의 토대이다. 이는

AI가 대신할 수 없는 인간 고유의 역량이자, 자기 삶을 주도적으로 이끌어가는 힘이기도 하다. 이로 인해 오늘날 부모의 역할 또한 새로운 방향으로 전환되고 있다.

  우리는 자녀의 성장을 바라며 "왜 우리 아이는 공부를 즐기지 못할까?", "어떻게 하면 스스로 노력하며 공부할 수 있을까?"를 고민한다. 그러나 부모의 열정과 아이의 마음이 어긋날 때 지치고 무력감을 느끼게 된다.

  흔히 공부를 잘하려면 '공부머리'가 있어야 한다고 말한다. 그러나 배움은 인지능력만으로 이루어지지 않는다. 아이 안에서 스스로 "해보고 싶다"는 공부마음, 즉 내면의 동기와 자율성이 살아날 때 지속 가능한 배움이 가능하다.

  이제 부모는 공부 방법만을 탐색하는 조력자에서 벗어나야 한다. 아이 스스로 질문을 던지고, 삶과 배움의 이유를 찾아갈 수 있도록 안내하는 든든한 동반자가 되어야 한다. 특히, 질문하는 힘, 성찰하는 힘, 가치의식을 키우는 대화는 AI가 대신할 수 없는 본질적인 교육이다.

　AI시대의 학습에서는 '무엇을 얼마나 외웠는가'보다 '어떤 질문을 던지고, 스스로 답을 찾아 의미를 확장하느냐'가 핵심이다. 이때 억지로 시키는 공부는 질문과 사고의 힘을 떨어뜨리고 지속될 수 없다. 아이 스스로 '하고 싶다'는 마음을 품고, '할 수 있다'는 자신감을 갖고, '그럴 만한 이유가 있다'는 의미를 느낄 때 진정한 학습동기가 자라며 자기주도학습이 시작된다.

　때로는 부모의 따뜻한 조언이 아이에게는 압박이나 잔소리로 들릴 수 있다. 이때 행동을 곧바로 문제로 판단하기보다, 그 행동 뒤에 숨어 있는 이유와 감정을 이해하려는 시도가 필요하다. 교육 방법은 넘쳐나지만 "왜 우리 아이에게는 잘 맞지 않을까?"라는 한계를 느끼는 이유도 결국 아이의 마음을 깊이 이해하지 못했기 때문이다.

　이 지점에서 고민이 시작되었다. 아이에게 공부 잔소리로 들리지 않으면서, 동시에 학습동기를 키울 수 있는 방법은 없을까. 그 해답을 찾는 과정에서 발견한 것이 바로 그림책 인문학이다. 10여 년간 인문학 독서코칭으로 성장하는 청년들을 지켜보며, 아이들의 삶이 담긴 그림책을 중심에 둘 때 인문학 독서코칭이 곧 학습코칭으로 이어진다는 확신을 갖게 되었다. 이후 교육청에서 학부모를 대상으로 강의를 하면서도 그림책과 학습코칭의 융합 가능성을 여러 현장에서 확인할 수 있었다.

그림책을 삶을 성찰하는 인문학적 텍스트로 바라보면, 한 권의 짧은 이야기 속에 감정과 관계, 가치와 삶의 의미가 응축되어 있음을 발견하게 된다. 부모가 그림책을 직접 읽고 상징과 메시지를 이해하기 시작하면, 그림책 속 인물의 감정과 성장이 내 아이의 마음과 겹쳐 보이기 시작한다. 그림책은 아이의 감정을 더 깊이 이해하도록 도울 뿐 아니라, 부모 자신이 잊고 지냈던 마음을 다시 들여다보게 하는 성찰의 거울이 된다.

또한 그림책은 부모와 자녀가 자연스럽게 마음을 나누고 대화할 수 있는 소통의 장이 된다. 부모가 그림책을 통해 아이의 마음을 진심으로 어루만질 때, 아이는 스스로 배우고자 하는 내적동기, 즉 학습동기의 불씨를 발견하게 된다.

AI시대에 부모가 해야 할 가장 중요한 역할은 아이가 스스로 질문하고 자기 삶의 의미를 탐구할 수 있도록 대화를 통해 성찰의 여정을 함께하는 것이다. 정답을 알려주기보다 "왜 이런 생각을 했는지", "다른 관점도 가능한지"를 함께 탐색하는 대화가 아이의 자기주도성과 창의성을 키우는 든든한 기반이 된다. 이 책은 바로 그 여정을 위한 안내서이다. 각 장에서는 한 권의 그림책을 중심으로, 교육심리학 관점에서 그림책 해석이론을 적용하여 상징과 메시지를 해석하고자 하였다.

이 책을 효과적으로 활용하기 위해서는 제시된 그림책을 함께 읽어보기를 권한다. 목차 순서대로 읽어도 좋고, 마음이 끌리는 책부터 시작해도 좋다. 가장 중요한 것은 부모와 자녀가 함께 이야기를 나누며 서로의 마음을 깊이 이해하는 경험을 갖는 일이다. 이를 위해 각 장의 말미에 자녀와 함께 읽고 나눌 수 있는 질문 가이드, 즉 그림책코칭 질문도 함께 제시했다.

아이의 배움은 공부머리에서 비롯되지 않는다. 배움의 시작은 언제나 아이의 마음에서 출발하고, 그 마음을 지키려는 어른의 태도와 인문학적 소통 속에서 자란다. 이 책이 부모와 자녀가 함께 배우고 성찰하며, AI시대에도 흔들림 없는 진정한 학습의 기쁨을 찾아가는 여정에 작은 길잡이가 되기를 소망한다. 그리고 아이의 배움을 위해 스스로 먼저 성찰하고자 하는 그 마음을 진심으로 응원하며, 이 글을 펼쳐 읽어주신 모든 분께 진심으로 감사를 드린다.

2025년 12월 5일

저자 최미경

차 례

프롤로그 그림책 인문학으로 공부마음을 깨우다 • 4

Part.1
'해야 해서'에서 '하고 싶어서'로의 변화

INTRO : 배움은 '하고 싶다'는 마음에서 시작된다 • 18

Chapter.1 외재동기에서 내재동기로, 자율성 회복

자율성이 회복될 때 비로소 시작되는 진짜 학습 • 23
외재동기에서 내재동기로 : 마르콜리노가 스스로 찾은 튜바 • 26
부모의 미완성 꿈이 아이에게 향할 때 • 30
마르콜리노의 고양이처럼, 감시보다 동행, 지시보다 공감 • 33
'함께 읽고, 마음 열기' 그림책코칭 질문 • 36

Chapter.2 실패에서 성장하는 내재동기

흐려진 자화상 : '완벽함' 아래 숨겨진 우로의 마음	• 41
집착이 아닌 신뢰로 : 물러섬이 주는 힘	• 45
실패의 자리에서 피어나는 자기 몰입과 내면의 성장	• 48
천으로 덮인 자화상, 진짜 나를 마주할 기다림의 시간	• 52
진짜 나와 대면하는 출발선, 자기 이해	• 55
'함께 읽고, 마음 열기' 그림책코칭 질문	• 58

Part.2

"할 수 있는 아이"가 자라는 마음의 힘

INTRO : '할 수 있다'는 신념이 아이를 성장시킨다 • 64

Chapter.3 작은 성취가 만든 자기효능감의 시작

작은 점에서 시작된 자기효능감	• 69
점 하나를 존중하는 어른의 태도	• 72
자기효능감이 이끄는 성장	• 75
나의 점에서 너의 점으로 : 확장되는 성장의 힘	• 78
'함께 읽고, 마음 열기' 그림책코칭 질문	• 80

Chapter.4 끝까지 해내는 힘

사랑이 용기와 책임으로 자라는 순간	• 85
눈보라를 헤치며 성장으로 나아가다	• 88
상실과 절망의 순간, 다시 걷는 힘	• 90
시련의 바람, 기적의 바람	• 93
책임과 노력 끝에 열린 문, 사회가 건네는 인정	• 95
'함께 읽고, 마음 열기' 그림책코칭 질문	• 98

Part.3

목표지향성과 몰입

INTRO : 동기의 방향이 바뀌면 배움의 즐거움도 바뀐다 • 104

Chapter.5 아이를 바라보는 두 개의 시선

"착하게, 바르게"의 대가 : 감정 억압과 고립의 시작	• 109
'착한 아이'의 함정 : 왜 제제벨은 뛰지 못했을까	• 112
타인의 시선에서 자기다움으로 : 동기의 방향을 다시 묻다	• 115
'함께 읽고, 마음 열기' 그림책코칭 질문	• 118

Chapter.6 몰입과 협력으로 이끄는 숙달목표지향성

값진 배움을 찾는 몰입, 샘과 데이브의 작은 첫 삽	• 125
아직 못 찾았을 뿐 : 탐색적 사고의 탄생	• 128
함께 파고, 함께 자라는 배움의 힘	• 131
돌아온 뒤의 너희는 예전의 너희가 아니야	• 133
'함께 읽고, 마음 열기' 그림책코칭 질문	• 136

Part.4
배움의 본질 : 아이의 내면에서 출발하는 성장

INTRO : 공부는 왜 해야 할까 · 142

Chapter.7 배움의 의미와 어른의 태도

성장을 품은 순환, 배움의 길 · 147
배움의 길에서 만난 장애물 · 149
배움을 자랑스럽게 드러내다 · 151
가르침의 자리에서 멈춰버린 어른의 그림자 · 153
무너진 권위, 되돌아온 교육 · 156
'함께 읽고, 마음 열기' 그림책코칭 질문 · 159

Chapter.8 배움의 가치

교양이 만든 내면의 힘 · 165
경계에서 문으로 : 관계를 바꾸는 배움의 힘 · 168
'함께 읽고, 마음 열기' 그림책코칭 질문 · 171

Part.5

긍정성이 아이를 성장시킨다

INTRO : 정서를 조절하는 아이가 공부도 이어간다 · 176

Chapter.9 정서조절의 시작, 감정코칭

기대에서 실망으로, 그리고 성숙으로 · 181
학습을 좌우하는 감정조절의 힘 · 183
실망을 성장으로 이끄는 어른의 태도 · 187
'함께 읽고, 마음 열기' 그림책코칭 질문 · 190

Chapter.10 자기조절의 뿌리, 긍정의 힘

버스에서 만난 다양성과 새로운 시선 · 197
긍정으로 이끄는 어른의 태도 · 200
긍정의 시선으로 세상 바라보기 · 203
'함께 읽고, 마음 열기' 그림책코칭 질문 · 206

에필로그 마음이 움직일 때 배움이 자란다 · 208

참고문헌 · 211

부록

AI시대, 우리 아이는 무엇을 배워야 할까 · 215
지금, 왜 그림책 인문학이 필요한가 · 219
생성형 AI 시대, 자녀 진로·학습 설계의 길 · 222

Part.1

'해야 해서'에서 '하고 싶어서'로의 변화

INTRO

배움은 '하고 싶다'는 마음에서 시작된다

"왜 공부를 안하니?"

"숙제는 했니?"

"다 너 좋으라고 하는거야."

이런 말을 듣는 아이의 마음은 어떨까. 어른은 아이를 사랑하기에 조언하고, 방향을 제시하며, 더 나은 길로 이끌고 싶어 한다. 그러나 아무리 좋은 의도라도 그 말이 아이의 마음속 동기와 만나지 못하면 '강요'와 '부담'으로 느껴질 수 있다. 그리고 결국 아이의 '저항'으로 이어지기도 한다.

우리는 종종 공부는 '해야 하니까'하는 일이라는 말을 너무 자연스럽게 말하고 있다. 하지만 진정한 배움은 '해야 해서'가 아니라, '하고 싶다'는 마음에서 출발한다. 그리고 그 중심에는 언제나 자율성이 놓여 있다. 아이가 스스로 선택했다고 느낄 때, 그 일에 책임을 느끼고 몰입할 수 있다.

그림책『피아노 치기는 지겨워』에서는 마르콜리노를 통해, 타인의 기대와 통제에 갇힌 아이의 마음과 잃어버린 자율성이 어떻게 회복되는지 살펴본다. 마르콜리노의 "지겨워"라는 말에는 공부를 거부하는 많은 아이들의 조용한 저항과 내면의 외침이 담겨 있다. 그는 억압된 외재동기에서 출발해 점차 자율성을 회복하고, 마침내 자신이 진심으로 하고 싶은 악기를 찾아 몰입하게 된다. 이 여정을 따라가며 우리 아이의 배움이 어디에서 시작되어야 하는지 함께 생각해 보고자 한다.

그림책 『우로마』에서는 우로가 반복되는 실패 속에서 자기 마음을 들여다보고, 마침내 몰입에 이르는 과정을 돌아본다. 아버지의 기대와 자신의 정체성 사이에서 흔들리던 우로는 여러 번의 실패를 겪으며 마침내 '나다운 그림'을 그리게 된다. 실패는 피해야 할 일이 아니라, 자기만의 리듬과 방향을 찾기 위한 중요한 과정이다. 우리는 아이가 실패를 통해 어떻게 다시 일어설 수 있는지, 그리고 실패가 어떻게 배움과 성장의 자산이 될 수 있는지를 살펴보고자 한다.

자율성과 내재동기는 하루아침에 생기지 않는다. 때로는 억지로 앉은 피아노 앞에서, 버려진 캔버스 앞에서, 여러 번 "지겹다"고 말하며 무기력을 경험하기도 한다. 그리고 그 과정을 수없이 반복하면서 자기 안의 깊은 열망을 조금씩 발견해 간다.

두 권의 그림책을 통해 우리는 왜 아이가 공부를 멈추는지, 그리고 어떻게 다시 시작할 수 있는지를 더 깊이 이해할 수 있을 것이다. 부모로서 아이의 마음이 움직이는 지점을 섬세하게 읽어내고, 배움의 불씨를 함께 지필 수 있기를 바란다.

Chapter.1

외재동기에서 내재동기로, 자율성 회복

그림책 깊이 읽기

다비드 칼리 글, 에릭 엘리오 그림 | 피아노 치기는 지겨워 | 비룡소 | 2017

줄거리요약

　마르콜리노는 피아니스트가 되고 싶지 않지만, 엄마의 강요로 매일 피아노를 연습한다. 그러다 결국 피아노를 주먹으로 내리치며 감정을 폭발시킨다. 엄마는 자신이 원하던 피아니스트의 꿈을 아이 때문에 포기했다는 이야기를 꺼낸다. 이 말은 마르콜리노에게 큰 부담으로 다가오고, 그는 억지로 피아노 연습을 이어간다.
　그러던 어느 날, 할아버지를 통해 엄마도 어린 시절 피아노를 억지로 배웠다는 사실을 알게 된다. 할아버지는 엄마와 이야기를 나누고, 마르콜리노가 배우고 싶은 악기를 스스로 선택할 수 있도록 돕는다. 이후 마르콜리노는 간식도 잊을 만큼 열중하며 자신의 악기를 연습한다.

자율성이 회복될 때
비로소 시작되는 진짜 학습

매일 오후 3시, 마르콜리노는 어김없이 피아노 앞에 앉는다. 엄마의 강요로 시작된 연습 시간은 십 분도 채 지나지 않아 딴짓으로 이어지고, 결국 "지겨워!"라는 말과 함께 피아노 건반을 주먹으로 내리친다. 이 행동은 반항이라기보다 "나는 이걸 원하지 않는다"는 내면의 외침이 터져 나온 장면에 가깝다.

마르콜리노가 감정을 극단적으로 드러내는 것은 엄마를 미워해서가 아니다. 실망시키고 싶지 않은 마음과 자기 의사를 표현하지 못하는 좌절 사이에서 갈등하고 있기 때문이다. 억압된 자율성과 무시된 감정이 만들어낸 자연스러운 방어 반응일 수 있다.

이 장면은 전형적인 외재동기를 보여준다. 외재동기는 외부의 보상이나 압력, 기대에 의해 움직이는 동기다. 스스로 원해서가 아니라 누군가를 만족시키거나 벌을 피하기 위해 행동하는 마음의 원천이다. 마르콜리노의 피아노 연습은 그의 결정이 아니라 엄마의 결정이었다. 자율성이 박탈된 상황에서 아이의 감정은 억눌리고, 배움은 부담과 억압으로 전락한다.

학습 현장에서도 비슷한 상황은 자주 나타난다.

"성적이 좋아야 대학에 간다."

"이번 시험 잘 보면 선물 사줄게."

"공부 안 하면 혼난다."

이런 말들은 아이를 외재적 이유로 공부하게 만드는 전형적인 방식이다. 외부 기준으로 움직이는 학습은 처음에는 성실해 보일 수 있지만, 스스로 의미를 부여하지 못하면 오래 지속되지 못하고 결국 회피로 이어진다. 공부는 점점 의무가 되고, 의무는 회피의 대상이 된다.

마르콜리노가 고개를 푹 숙인 채 피아노 앞으로 걸어가는 모습은 자율성을 잃은 아이 마음의 무게를 그대로 보여준다. 의지와 상관없이 다른 사람의 기대에 맞춰 움직여야 할 때, 아이의 발걸음은 점점 무거워진다. 피아노 앞에 앉는 순간은 배움의 시작이 아니라, 억지로 버텨야 하는 시간의 시작이 된다.

마르콜리노에게 피아노는 더 이상 배우고 싶은 것이 아니다. 그만두고 싶은 일, 매일 반복되는 스트레스의 상징이 된다. 겉으로는 얌전하고 순응적인 것처럼 보여도 마음속에서는 "왜 나는 이걸 해야 하지?"라는 질문이 계속 자란다. 이런 상태가 반복되면 배움에 대한 에너지는 서서히 사라지게 된다.

학습에서 중요한 것은 동기의 원천이다. 동기가 내 안에서 비롯되는지, 아니면 외부에서 주어지는지에 따라 결과는 크게 달라진다. 스스로 선택한 배움은 몰입과 성취감을 불러오지만, 자율성이 없는 학습은 의무로 느껴지고 즐거움과 의미를 잃게 된다. 시키는 일은 묵묵히 해낼 수 있다. 그러나 그 안에 자신의 선택이 없으면 자기주도적인 학습을 기대할 수 없다.

자율성이 박탈된 환경에서는 겉으로는 열심히 하는 것처럼 보이지만, 내면은 조용히 닫혀가고 있을 수 있다. 우리는 이 조용한 무너짐의 신호를 얼마나 자주 놓치고 있는가. 혹시 지금 내 아이는 누군가가 정해 준 음표를 따라가며 속마음을 꾹꾹 눌러 담고 있는 것은 아닌지 돌아볼 필요가 있다.

외재동기에서 내재동기로
: 마르콜리노가 스스로 찾은 튜바

    마르콜리노는 매주 금요일, 할아버지와 함께 우주 박물관을 찾는다. 그날도 여느 때처럼 박물관을 거닐던 중, 할아버지는 아이의 마음을 조심스럽게 묻는다.
    "똑같은 박물관에 가는 게 싫증 나지도 않니?"
    "왜? 집에 있는 건 재미가 없니?"
    이 따뜻한 질문은 마르콜리노가 마음속에 담아두었던 진심을 꺼내게 하는 계기가 된다. 마르콜리노는 마침내 피아노가 싫다고 솔직하게 털어놓는다.
    이후, 할아버지는 마르콜리노와 엄마를 집으로 초대해, 엄마의 어린 시절 사진을 꺼내 보여준다. 웃음 가득한 사진들 속에서 유독 피아노 앞에서만 찡그린 표정을 짓고 있는 엄마의 모습이 눈에 들어온다.

"네 엄마는 피아노 치는 걸 싫어했단다. 그래서 피아노 배우기를 그만둔 거야. 기억나니, 아가?"

할아버지가 엄마를 "아가"라고 부르며 건넨 이 한마디는 훈계보다 더 깊은 공감과 이해를 담고 있다. 마르콜리노와 엄마 모두에게 마음 속 진심을 마주할 수 있는 계기가 된다. 할아버지와 엄마는 둘만의 대화를 나눈다. 아이를 위해 어떤 선택이 더 좋을지, 서로 어떤 마음이 있었는지 솔직하게 나누었을 것이다. 그리고 다음 날, 할아버지는 마르콜리노를 악기 가게로 데려가 말한다.

"세상에는 정말 많은 악기들이 있단다. 네 마음에 드는 걸 골라 보렴."

이 장면은 아이의 자율성을 회복시키는 결정적 전환점이다. 부모의 기대와 아이의 진심 사이에 이해와 공감의 다리가 놓일 때, 배움은 '자기 것'이 되고 진짜 힘을 발휘한다. 할아버지는 아이와 엄마 모두의 마음을 이해하고 공감하며 해결의 실마리를 제공한 것이다.

자율성은 단지 선택의 자유가 아니라 동기, 정체성, 행복의 중심에 놓여 있는 핵심 요소다. 자율성을 경험한 아이는 자신의 삶을 주도할 수 있다는 감각을 키우고, 그 안에서 자신감을 쌓아간다.

부모가 자신의 기대를 잠시 내려놓고, 아이가 자기만의 길을 찾을 수 있도록 진심으로 지지할 때 부모와 자녀의 관계는 더 건강해진다. 부모의 관점에서 미덥지 않아 보이더라도, 아이가 스스로 배우고 싶어하는 선택을 인정해주는 태도가 필요하다. 통제와 간섭 대신 이해와 신뢰가 자리 잡을 때, 아이는 진정한 의미의 성장을 시작할 수 있다.

이제 마르콜리노는 자신이 선택한 튜바를 연주하며 간식도 잊을 만큼 몰입한다. 이 장면은 흥미를 넘어서, 외부 보상이나 압력 없이 활동 자체에서 즐거움을 느끼는 내재동기의 힘을 보여준다. 아이는 스스로 선택한 일에 진심을 다하고, 그 안에서 지속적으로 성장한다. 공부 역시 마찬가지다. 타인의 강요로 시작된 공부는 쉽게 동력을 잃지만, 스스로 흥미를 느낀 분야에 몰입하는 아이는 꾸준히 목표를 향해 나아갈 수 있다.

내재동기는 외부의 지시나 보상이 없어도 스스로 활동하게 만드는 자발적 에너지다. 이 동기가 작동할 때 아이는 배움이 즐겁고, 스스로 만족을 느끼며 활동을 지속한다. 이 과정에서 배움은 성취를 넘어 '진짜 자기 자신이 되어가는 여정'으로 확장된다.

마르콜리노의 변화는 '스스로 선택한 악기', '자발적으로 시작한 연습', 그리고 '그 안에서 발견한 즐거움과 자신감'을 통해 아이가 삶의 주체로 서는 과정을 보여준다. 이는 연주 실력의 향상을 넘는 변화다. "나는 무엇을 좋아하는가", "나는 어떻게 살고 싶은가"를 스스로 묻는 중요한 전환점이 된다.

마르콜리노가 피아노를 멀리했던 것은 음악이 싫어서가 아니었다. 음악을 어떻게 만나는지의 자율성이 없었던 것이다. 강요 없이 자발적 선택을 통해 만나는 배움, 억지 대신 내면의 동기에서 비롯된 배움은 아이의 태도와 감정, 그리고 삶의 방향까지 바꿀 수 있는 힘이 있다.

부모의 미완성 꿈이
아이에게 향할 때

 엄마는 어릴 적 피아노 치는 것을 좋아하지 않았다. 그럼에도 불구하고 마르콜리노에게는 매일같이 피아노 연습을 시키며 "엄마는 피아니스트가 꿈이었어"라고 거짓을 말한다. 아이가 좋아하지 않는 일을 억지로 강요하면서까지, 왜 엄마는 피아노를 놓지 못했을까.

 이유는 단순하지 않다. 이루지 못한 꿈에 대한 미련, 자녀를 통해 대리만족을 얻고 싶은 마음, 그리고 아이만큼은 자신보다 더 잘되길 바라는 깊은 기대가 복잡하게 얽혀 있다. 피아노 앞에서 찡그린 표정을 짓고 있는 엄마의 어린 시절 사진은 부모 역시 완벽하지 않으며, 자신이 겪었던 아픔과 억압을 무의식적으로 아이에게 되풀이할 수 있음을 보여준다.

심리학에서는 이러한 현상을 '투사적 동일시'라고 부른다. 부모가 채우지 못한 욕망을 자녀에게 투사하고, 아이가 대신 그 욕망을 이뤄주기를 기대하는 심리다. 예를 들어 원하는 대학에 가지 못한 부모가 "최소한 ○○대는 가야지, 너라면 갈 수 있어"라고 말하는 상황을 떠올려 볼 수 있다. 이 말은 겉으로는 현실적인 조언처럼 보이지만, 부모가 이루지 못한 욕망을 '가능성'이라는 이름으로 감싸 아이에게 전하는 통제가 될 수 있다. 더 큰 문제는 이러한 기대가 부모의 무의식 속에서 작동할수록 아이에게 더 강한 압력으로 작용한다는 점이다.

부모는 사랑이라는 이름으로 자신의 기대를 전하지만, 그 기대는 때로 아이에게 무거운 짐이 된다. 아이는 부모를 실망시킬까 두려워 자신의 진심을 숨기고, 부모가 원하는 모습에 자신을 맞추려 한다. 그럴수록 아이는 자기 자신과 점점 멀어진다.

그림 속 엄마는 유난히 크고 과장된 모습으로 등장한다. 이는 부모의 기대와 통제가 아이에게 얼마나 크게, 얼마나 무겁게 다가오는지를 상징적으로 보여준다. 엄마의 큰 키는 신체적 크기를 넘어 아이가 느끼는 부모의 권위와 압력을 시각화한 장치다. "공부해"라는 말이 조언이 아니라 피할 수 없는 명령처럼 느껴질 때, 아이는 자신의 판단보다 부모의 뜻을 더 우선하게 된다. 그리고 그 과정에서 자율성과 동기는 점점 약해진다. 그림 속 '엄마의 키'는 바로 그 무게와 압력이다.

그림은 과장과 유머를 통해 긴장을 잠시 풀어주기도 한다. 그러나 그 안에 담긴 메시지는 결코 가볍지 않다.

"내가 요구하는 것은 정말 아이가 원하는 것일까."

"도움이라는 이름으로, 혹시 아이를 누르고 있지는 않을까."

아이의 삶은 부모의 연장이 아니라 전혀 다른 새로운 출발점이다. 진심으로 아이의 성장을 돕고자 한다면 때로는 부모의 '키'를 낮추는 태도가 필요하다. 아이 스스로 선택하고 도전할 수 있도록 격려하고, 호기심과 내재동기가 자랄 수 있는 환경을 만들어 주는 일이 부모의 역할이다.

이러한 신뢰와 동반이 쌓일 때, 아이는 자기만의 길 위에서 진정한 배움의 즐거움과 성취를 경험하게 된다.

마르콜리노의 고양이처럼,
감시보다 동행, 지시보다 공감

마르콜리노 곁의 고양이가 보여주는 교육의 자세

그림 속 마르콜리노 곁에는 언제나 함께하는 고양이가 있다. 이 고양이는 그림이 전하는 상징적 존재다. 마르콜리노의 감정을 함께 느끼며, 독자가 주인공의 내면을 더 섬세하게 이해하도록 돕는 감정의 거울이자 심리적 동반자다.

마르콜리노가 억지로 피아노를 연습할 때 고양이는 지루하고 무기력한 표정을 짓는다. 반대로 마르콜리노가 자유롭게 놀며 원하는 일을 할 때는 고양이 역시 생기 있고 활기찬 모습으로 변한다. 말 한마디 없이도 고양이의 표정과 몸짓만 보면 마르콜리노의 속마음을 읽을 수 있다. 아이의 감정을 담아내는 이 고양이는 독자가 마르콜리노의 마음을 더 깊이 공감하게 만든다.

고양이는 또 다른 중요한 상징을 품고 있다. 바로 자율성이다. 누구의 명령도 따르지 않고 자신만의 리듬으로 조용히 주변을 오가는 고양이의 모습은 마르콜리노 안에도 자신의 속도와 방향을 찾고자 하는 열망이 살아 있음을 보여준다. 부모의 기대와 통제 속에서도 아이는 결국 자기만의 세계를 향해 나아가려는 존재임을 고양이는 말 없이 드러내고 있다.

이 장면은 학습코칭의 중요한 통찰도 건넨다. 아이는 감정을 말로 표현하지 못할 때가 많다. 대신 표정, 행동, 주변 사물, 그리고 관계 속에서 무언의 메시지를 보낸다. 이럴 때 부모가 해야 할 일은 마르콜리노의 고양이처럼 아이의 행동과 흐름을 읽어내는 세심한 관찰자가 되는 것이다.

필요한 것은 감시가 아니라 동행이며, 지시가 아니라 공감이다. 부모가 아이의 감정을 온전히 바라봐주고, 아이가 자신만의 속도로 어떤 일에 몰입할 수 있도록 기다려 줄 때 아이는 자기 목소리를 발견하고 진정한 배움의 힘을 키울 수 있다. 그것이 피아노이든, 전혀 다른 무언가이든 상관없다. 중요한 것은 그 선택이 아이의 마음에서 비롯된 것이어야 한다는 점이다.

마르콜리노 곁의 고양이는 말을 하지 않는다. 그러나 그 조용한 존재감은 오히려 더 깊은 언어가 되어 아이의 감정을 비추고, 스스로의 리듬을 잃지 않도록 곁에서 묵묵히 지켜준다.

부모 역시 그러해야 하지 않을까. 말보다 눈빛으로, 설명보다 공감과 경청으로, 조급하게 이끌기보다 믿고 기다려 주는 태도.

아이가 자기 삶의 주인이 되어가는 여정을 옆에서 응원하고 지켜보는 일. 그것이 교육이며, 부모가 아이에게 전할 수 있는 깊고 단단한 사랑이다.

'함께 읽고, 마음 열기'
그림책코칭 질문

1. 감정 인식과 표현

- 피아노 앞에 앉은 마르콜리노의 기분은 어떨까?
- 너는 억지로 해야 하는 공부를 할 때 어떤 생각이 들어?
- 억압되고 답답한 마음일 때 주로 어떻게 표현하게 되니?

2. 외재동기 vs 내재동기

- 마르콜리노는 왜 피아노가 싫어졌을까?
- 그 이유를 너의 상황으로 바꿔 말해볼 수 있겠니?
- 지금 누군가의 기대 때문에 억지로 하고 있는 게 있다면 무엇이니?
- 반대로, 누가 시키지 않아도 하고 싶은 일은 무엇이니? 왜

그걸 하고 싶어?

3. 자율성과 선택

- 오늘 하루 중에 스스로 결정해서 한 일은 무엇이니?
- 하루 중 내가 선택한 일은 얼마나 될까?
- 어른들이 무언가를 시켰을 때, 그 안에서 나만의 방식이나 선택권을 느껴본 적은 언제였어?
- 만약 하루를 완전히 내 마음대로 계획할 수 있다면, 어떤 활동들을 하고 싶어?

4. 몰입과 성장

- 마르콜리노가 새로운 악기를 연주할 때 간식을 잊을 정도로 몰입했어. 그런 경험이 있었다면 무엇을 할 때였니?
- 최근 가장 몰입했던 순간은 언제였지? 그때 어떤 기분이었어?
- 앞으로 그런 몰입의 경험을 다시 하려면, 어떤 조건이 필요할까?

Chapter.2

실패에서 성장하는 내재동기

그림책 깊이 읽기

차오원쉬엔 글, 이수지 그림 | 우로마 | 책읽는 곰 | 2020

줄거리 요약

　우로는 어릴 적부터 그림을 잘 그리는 아이로, 아버지의 기대와 사랑 속에서 화가의 꿈을 키워간다. 그러던 어느 날, '우로마'라는 특별한 캔버스 천을 구입해 자화상을 그리기 시작한다. 그러나 완성한 그림은 밤이 지나면 물감이 흘러내려 망가지고, 같은 일이 반복될수록 우로는 점점 지쳐간다.

　결국 아버지는 우로가 힘들어하는 모습을 더 이상 지켜볼 수 없어서 캔버스를 풀숲에 숨겨둔다. 우로는 울면서 캔버스를 찾아 나서고, 그 과정에서 자신이 그림을 그리고 싶은 진짜 이유를 깨닫게 된다. 이후 우로는 결과가 아니라 그리는 순간 자체에 몰입하며 마침내 자신의 자화상을 완성한다.

흐려진 자화상
: '완벽함' 아래 숨겨진 우로의 마음

 '우로마' 캔버스는 비(雨)와 이슬(露)을 뜻하며, 주인공 우로의 이름과도 같은 특별한 천이다. 우로는 자신과 같은 이름의 캔버스를 만난 순간 특별한 인연을 느낀다. 하지만 이 천이 유명 화가가 주문했던 것임을 알게 되면서 그 특별함은 곧 무거운 압박으로 변한다.

 이제 캔버스는 자신의 재능을 입증해야 하는 시험대가 된다. 우로는 아버지의 기대와 자신의 욕망, 그리고 주변의 시선 속에서 자화상을 그리기 시작한다. 그림이 완성되자 아버지는 주변 사람들을 초대해 우로의 그림을 보여주려고 한다.

 그러나 밤이 지나자 완성된 자화상에 물감이 흘러내려 엉망이 된다. 우로는 망가진 캔버스에 덧대어 자화상 그리기를 반복한다. 하지만 눈물이 캔버스를 적시는 것처럼 물감이 계속 흘러내려 또다시 엉망이 된다. 왜 물감은 계속 흘러내리고, 우로는 이 캔버스에 집착하는 것일까. 이러한 반복은 우로의 내면에 자리한 질문과 연결된다.

"나는 누구인가?"
"이 모습이 정말 내 모습인가?"

흘러내리는 물감은 우로가 느끼는 부담과 '잘해야 한다'는 압박으로 무너져 내리는 모습을 상징한다.
어쩌면 우로가 가장 두려워한 것은 실패 그 자체가 아니라, 자신의 진짜 모습을 드러내는 일이었을지도 모른다. 그의 자화상에는 '잘 보이고 싶은 자아'와 '실수하고 흔들리는 자아'가 함께 담겨 있다. 반복적으로 흐려지는 그림은 우로의 불안과 흔들림, 그리고 진짜 자신을 찾고자 하는 갈망을 보여준다.
우로의 자화상 그리기는 자기 자신을 탐색하고 성장하는 과정의 일부이며, 자신의 내면과 직면하는 용기를 배우는 시간이다. 어쩌면 그림이 완성되지 않는 그 과정 자체가 가장 중요한 성장의 순간일 수 있다.

이 모습은 학업 성적이나 부모의 기대에 맞추려고 자신의 진짜 감정을 숨기는 아이들의 마음과도 닮아 있다. 부모의 기대와 자신의 부족함 사이의 괴리, 반복되는 실패의 경험은 '나는 결코 완벽해질 수 없다'는 좌절로 이어지고, 아이는 점점 솔직한 마음을 숨기고 능력을 감추려 하게 된다.

실패할 때마다 우로는 부끄러움과 좌절을 느낀다. 부모의 기대에 미치지 못했다는 생각에 위축되면서 물감이 흘러내린 그림을 꽃무늬 천으로 덮으며 감추려 한다. 이 행동은 망가진 그림을 가리기 위한 것이 아니라, 자신의 불완전함을 드러내는 것이 두려운 마음의 표현이다. 꽃무늬 천은 '꾸며진 자아'가 '있는 그대로의 자아'를 덮고 있는 상징이다.

이 장면은 오늘날 아이들이 사회적 기준과 부모의 기대에 맞추어 자신을 포장하고, 내면을 숨기려 할 때 겪는 내적 갈등을 보여준다. 겉으로는 잘하는 것처럼 보이지만, 속에서는 자신이 조금씩 무너져가는 경험을 하고 있을 수 있다. 우로가 꽃무늬 천을 덮을 때마다, 자기 자신을 더 억압하게 되는 것이다.

그러나 반복되는 실패와 자기 은폐의 과정 속에서 우로는 결국 자신이 진정으로 그리고 싶은 것을 깨닫는다. 남이 기대하는 '완벽한 자화상'이 아닌 자신의 진짜 모습을 그려야 한다는 것을.

진정한 성장은 실패 없는 완벽함에서 오는 것이 아니다. 실수하고 주저앉았다가 다시 붓을 드는 과정 속에서 진짜 나를 만나게 된다. 실패한 그림을 천으로 덮을 수도 있지만, 언젠가는 그 천을 걷어내고 그 속의 진실한 나를 마주해야 한다. 그래야 내 붓으로 내가 원하는 삶을 제대로 그려나갈 수 있다.

우로가 그러했듯, 우리도 실패와 약점, 불안과 두려움까지도 삶의 일부로 받아들이고 다시 시작하는 용기가 필요하다. 그것이 성장이며 회복이고, 나로 살아가는 길이다.

집착이 아닌 신뢰로
: 물러섬이 주는 힘

　우로의 아버지는 자신이 이루지 못한 화가의 꿈을 딸에게 투영하며 큰 기대를 걸었다. 그림을 좋아하는 딸이 자신의 꿈을 이뤄주길 바라며 아낌없이 지원했다. 그러나 딸이 반복해서 실패하고 낙담하는 모습을 지켜보며 아버지도 점점 무거운 마음에 휩싸인다.

　결국, 또다시 망가진 자화상을 보고 아버지는 감정을 억누르지 못하고 캔버스에게 소리친다.

　"이제 그만 좀 해!"

　하지만 그 감정은 분노라기보다, 딸이 더 다치지 않기를 바라는 보호 본능과, 자신의 기대가 딸에게 고통이 되었다는 자각에서 나온 복합적인 감정이었다.

아버지는 딸이 스스로를 과소평가하지 않기를 바랐다.

"우리 우로는 우직하기 이를 데 없는 아이라고. 그런 아이를 만나서 운이 좋은 줄도 모르고…"

캔버스를 향한 이 말에는 딸에 대한 깊은 애정과 자부심이 담겨 있다.

하지만 "왜 하필 네가 우리 우로 눈에 들어서…"라는 말에는, 이 특별한 기회가 딸에게 버거운 짐이 되어버렸다는 안타까움과, 그 짐을 함께 올려놓았다는 미안함이 동시에 담겨 있다.

아버지의 심정은 사랑과 기대, 후회와 무력감이 얽힌 감정의 소용돌이였다. 딸을 진심으로 믿고 응원했지만, 그 믿음이 지나쳐 딸에게 짐이 되었음을 뒤늦게 깨달은 것이다.

결국 아버지는 캔버스를 수풀 속에 던진다. 자신의 꿈과 집착, 그리고 딸에게 씌워 두었던 무게를 내려놓는 결단이다. 딸이 더 이상 실패 앞에서 스스로를 찌르지 않기를 바라는 간절한 마음, 부모의 기대가 아이의 삶을 누르고 있었다는 자각이 담긴 장면이다.

수풀에 던져진 캔버스는 우로가 그동안 짊어졌던 보이지 않는 부담을 상징한다. 부모의 사랑은 때로는 그 무게 때문에 아이에게 상처가 되기도 한다. 아버지는 그 순간 깨닫는다. 진정한 응원은 실패를 막아주거나 대신 해결해 주는 것이 아니라, 아이가 자기 방식으로 실패를 겪고 다시 일어설 수 있도록 한 걸음 물러서서 지켜봐주는 것임을.

결국 수풀 속에 놓인 캔버스는 아버지가 처음으로 아이의 삶을 믿고 손을 놓은 순간이다. 그리고 바로 그 물러섬이 우로가 자기 길을 향해 나아가는 첫걸음이 된다.

실패의 자리에서 피어나는 자기 몰입과 내면의 성장

 캔버스가 버려졌던 그날 밤, 우로는 실패와 좌절, 아버지의 기대와 자신의 집착이 뒤섞인 감정 속에서 캔버스를 되찾으러 나선다. 이 장면은 우로 내면에서 일어난 전환의 시작을 상징한다. 캔버스를 향한 이 여정은 외부의 기대나 실패에 대한 두려움에서 벗어나 내면의 목소리를 듣는 자기주도적 성장의 출발이다.
 도시적이고 인위적인 환경 속에서 우로는 끊임없이 기대와 평가에 시달려 왔다. 잘해야 한다는 부담, 실수하면 안 된다는 두려움, 누군가에게 인정받아야 한다는 압박은 우로를 점점 위축시켰다. 좋아했던 그림 그리기는 점점 기쁨이 아니라 긴장과 두려움이 되었고, 결국 캔버스는 실패의 상징이 되어 버렸다.
 그런데 우로는 왜 다시 캔버스를 찾고, 어떻게 자기만의 자화상 그리기에 몰입할 수 있었을까. 글에는 구체적인 설명이 없다. 우로가 캔버스를 들고 달빛 아래 서 있는 두 페이지의 펼침면으로 글 없이 그림으로만 표현된다. 그림 속 상징으로 우로의 내면과 변화의 배경을 보여주고 있다.

그림을 보고 있으면, 마치 어둠이 내려앉은 자연이 정답과 평가의 세계에서 우로를 해방시켜 주는 듯 하다. 외부의 시선과 소음이 사라진 고요한 밤, 달빛은 조용히 우로의 마음을 감싼다. 풀잎의 촉감, 흙냄새, 달맞이꽃의 존재감은 우로의 감각을 깨우고, 자기 내면을 깊이 들여다보게 한다. 자연은 말하지 않지만, 우로가 자기 감정을 들여다보고 깊이 생각할 수 있도록 안전한 공간을 제공해 준 것이다.

그 속에서 우로는 스스로에게 묻고 생각했을 것이다.

'나는 왜 그림 그리기를 시작했을까?'
'나는 무엇을 그리고 싶었던 걸까?'
'그림을 그린다는 것은 원래 어떤 기쁨이었을까?'

우로는 자기에 대해 깊이 생각하며 답을 찾는다. 그리고 자신이 정말 원했던 것은 잘 그리는 그림이 아니라, 자기 마음을 담을 수 있는 그림이었다는 사실을 깨닫는다.

우로가 서 있는 달맞이꽃 풀숲은 이러한 깨달음의 상징을 더 분명하게 만든다. 달맞이꽃은 어둠 속에서도 또렷한 존재감을 드러낸다. 우로 역시 어둠 속에서 자기 안의 '빛'을 다시 발견한다. 외면했던 감정, 실패로 얼룩졌다고 여겼던 자신, 그 모든 것을 받아들이고 다시 시작할 용기를 얻는다.

결국 이 변화의 핵심은 그림에 대한 태도의 전환이다. 이제 그림은 더 이상 누군가의 기대를 증명하기 위한 시험대가 아니다. 캔버스는 결과를 위한 도구가 아니라, 지금의 나를 담아내는 그릇이 된다. '성공해야 한다'는 부담이 '다시 그리고 싶다'는 마음으로 바뀌고, 우로는 몰입이라는 경험을 다시 시작한다. 이 전환이 우로가 마지막 자화상을 완성하게 한 결정적인 요소다.

달을 바라보는 장면은 바로 이 내면적 전환을 상징한다. 달과 밤하늘은 내면의 평화와 성찰을 의미한다. 우로는 그 아래에서 더 이상 남의 시선에 흔들리지 않는다. 달빛은 실패와 좌절로 흔들린 우로의 마음을 부드럽게 어루만지고, 자기 자신을 있는 그대로 받아들이도록 안내한다.

이러한 우로의 여정은 우리의 인생과 닮아 있다. 우리는 타인의 기대와 평가 속에서 무너지고 흔들리기도 한다. 하지만 진정한 변화는 외부의 기준이 아니라, 자기 내면의 목소리를 들을 수 있을 때 시작된다. 바쁜 일상 속에서도 자신에 대해 사색할 수 있는 고요한 시간을 마련할 필요가 있다. 이 시간은 자기돌봄의 시간이 된다.

다시 시작할 수 있는 용기는 완벽한 준비에서 오는 것이 아니다. 지금의 나를 받아들이는 순간에서 비롯된다. 그래서 아이들에게는 평가와 비교에서 벗어나 마음이 안정되고 지지받는 심리적 환경이 필요하다. 그 속에서만 아이는 스스로에 대해 깊이 생각할 수 있고, 자기 안의 진실된 목소리를 들을 수 있다.

우로가 실패를 두려워하지 않고 다시 그림을 그릴 수 있었던 이유는 실패를 통해 오히려 자신을 이해하고 성장하고자 하는 마음이 생겼기 때문이다. 이것이 바로 아이가 실패를 통해 배우는 성장의 의미이다.

천으로 덮인 자화상,
진짜 나를 마주할 기다림의 시간

 우로는 마침내 자화상을 완성한 뒤, 가장 예쁜 천으로 그림을 덮는다. 그 천은 온전히 몰입해 완성한 자화상을 감싸안고 싶었던 보호의 제스처였다. 그리고 우로는 며칠 동안 그 천을 벗기지 않는다. 아마 그 성취의 순간을 천천히 받아들이고 싶었을 것이다.

 오랫동안 우로는 아버지의 기대와 주변의 시선 속에서 그림을 그려왔다. "완벽한 자화상을 그려야 한다"는 암묵적 기대는 우로에게 무거운 짐이 되었고, 실패할 때마다 좌절과 위축을 겪었다. 처음에 우로는 실패한 그림 위에 천을 덮었다. 자기 자신을 감추고, 부족함을 숨기기 위해서.

 하지만 이번에는 다르다. 이 자화상은 남을 위한 그림이 아니라, 자신의 목소리와 색으로 완성한 진짜 그림이다. 그래서 우로는 이 성취를 소중히 보호하고 싶었고, 천은 그 시간이 담긴 자화상을 지켜주는 장막이었다. 천 아래에는 우로가 자기를 마주하며 몰입한 흔적이 고스란히 담겨 있다.

천으로 그림을 덮는 것은 몰입의 여운을 간직하고자 하는 마음의 표현이다. 결과보다 더 소중했던 것은 그림을 그리는 과정에서 느꼈던 내면의 기쁨과 몰입의 경험이었다. 캔버스 아래에는 이미지뿐 아니라, 우로가 자기 자신과 대화하며 쌓아 온 시간과 감정이 담겨 있다. 우로는 그 소중한 순간이 너무 빠르게 사라지지 않기를 바랐을 것이다.

동시에 그 천은 아직 남아 있는 두려움의 표현이기도 했다. 혹시 또다시 망가질까, 혹은 누군가의 평가로 상처받지 않을까 하는 마음이 남아 있었을 것이다.

나아가 자화상을 덮은 천은 '진짜 자기 자신과 마주하기 위한 준비'의 상징이기도 하다. 그림 위에 천을 덮어둔 며칠은 자신의 성취를 스스로 받아들이고, 완성된 자화상을 마주할 용기를 다지는 준비의 시간이었다. 완성된 그림이라 하더라도 그 결과를 그대로 받아들이기 위해서는 시간이 필요하다. 거짓 없는 자기 모습을 바라본다는 것은 결코 쉬운 일이 아니다. 우로는 그 시간을 천 아래에서 조용히 보내며 자신을 받아들일 준비를 하고 있는 것이다.

이렇게 천으로 덮인 자화상은 시간과 노력, 눈물과 실패, 그리고 마침내 마주한 자신의 결정체이다. 며칠 동안 천을 거두지 않았던 것은 내면을 향한 응시였고, 우로가 자신을 받아들이고 세상에 드러낼 준비를 마쳐가는 과정이었다.

　아이들도 마찬가지다. 어떤 성취를 이뤘다고 해서 곧바로 드러내거나 자랑하지 않을 수도 있다. 때로는 그 침묵과 망설임이 오히려 더 큰 내적 변화의 증거일 수 있다. 아이가 자기 속도로 성취를 정리하고 받아들일 수 있도록 조급하지 않게 기다려주는 기다림도 자율성과 자기 이해를 키우는 교육적인 순간이 된다.

진짜 나와 대면하는 출발선, 자기 이해

　마지막으로 완성한 자화상 속에는 해사한 미소의 우로가 있다. 그것은 자기 자신을 온전히 수용한 내면의 정서가 반영된 결과다. 더 이상 누구의 인정도 의식하지 않고, 실패조차도 성장의 일부로 받아들이는 태도가 자화상 속 표정에 자연스럽게 드러난다.
　수차례 실패를 겪은 끝에, 우로는 그림을 잘 그리는 것이 목표가 아니라, 자신을 이해하고 표현하는 과정 그 자체에 의미가 있다는 사실을 깨닫는다. 이 깨달음은 자화상의 웃음을 통해 시각적으로 표현되고, 자기 자신과의 관계가 긍정적으로 재정립되었음을 보여준다.
　이전까지의 그림이 남의 기준에 맞춘 '보여주기 위한 그림'이었다면, 마지막 자화상은 자기 자신을 이해하기 위한 '내면의 그림'이었다. 외부의 시선과 기대가 아닌, 자기 안의 리듬과 감정에 따라 그려진 그림이기에, 완성된 자화상에는 불안이나 부끄러움이 아니라 자유와 기쁨이 담겨 있다. 이 경험은 우로에게 자존감과 자기 신뢰를 회복하는 계기가 되었고, 자기 주도적으로 삶을 설계할 수 있는 가능성의 문을 열어주었다. 진정한 자화상의 완성은 기술이 아니라, 자기 이해를 바탕으로 이루어진 결과임을 말해준다.

우로의 여정에서 중요한 점은 이러한 내면의 전환이 혼자만의 힘으로 이루어진 것은 아니라는 사실이다. 아버지와 달리 엄마는 딸에게 구체적인 목표나 성취 기준을 강요하지 않았다. 우로가 처음 자화상을 완성했을 때는 함께 감동하고, 그림을 보여주려 하지 않을 때는 딸의 감정을 먼저 묻고 살핀다. 우로가 실패를 거듭하며 천으로 그림을 덮을 때도 딸의 행동을 다그치지 않는다. 그림 속 엄마의 화난 표정은 캔버스를 향한 것이다. 이때 엄마는 캔버스가 너무 싫어 내다 버리고 말 거라며 우로의 아빠에게 말한다. 마치 우로의 아빠를 원망하는 것처럼 느껴진다.

특히 글에서는 표현되지 않았지만 우로가 마침내 자화상을 완성하고 며칠 동안 천으로 덮어둘 때, 편안해 보이는 우로를 흐뭇하게 바라보는 모습은 엄마의 진심이 느껴지는 장면이다. 엄마는 이렇게 직접 개입하거나 칭찬으로 조급하게 끌어올리기보다, 조용히 곁에서 지켜보며 우로가 자기만의 방식으로 자신을 찾아가도록 기다려주었다. 이 정서적 지지의 경험이 우로가 성장의 고비를 넘을 수 있도록 도와준 보이지 않는 울타리가 된 것이다.

우로의 자화상은 결국 우리 각자의 삶을 은유한다. 우리는 살아가며 끊임없이 자화상을 그리고, 또 지워 나간다. 타인의 기대에 맞추어 그리기도 하고, 실패 앞에서 붓을 내려놓기도 하며, 어떤 순간에는 나만의 방식으로 진짜 나를 다시 그리기도 한다. 자화상은 고정된 완성작이 아니라, 삶이라는 캔버스 위에 그려나가는 끝없는 자기 발견의 과정이다.

진로 역시 마찬가지다. "어떤 직업을 선택할 것인가"보다 중요한 질문은 "나는 무엇을 좋아하는가", "나는 무엇을 잘하는가", "나는 어떤 일에서 의미를 느끼는가", "나는 삶에서 무엇을 중요하게 생각하는가"이다. 자기 자신을 이해하지 못한 채 외부 기준에 맞춘 진로는 쉽게 흔들리며, 동기도 오래 지속되지 않는다. 자기 이해는 삶의 방향을 선택하고 설계하는 데 있어 가장 근본적인 출발점이다. 진정한 진로 설계는 '나는 어떤 사람인가'를 스스로 탐색하는 과정에서 시작된다.

부모가 할 일은 아이가 자기만의 자화상을 그려가도록 조력자가 되어주는 것이다. 더 많이 도와주기보다, 스스로 표현할 수 있는 여백을 주는 일. '예쁜 천'으로 덮인 자화상을 서둘러 들추지 않고 기다려주는 일. 실패 속에 담긴 질문 앞에 함께 머물러주는 일. 그리고 아이 스스로 자기 삶을 그려나갈 수 있다는 믿음을 전하는 일. 이것이 부모가 줄 수 있는 중요한 교육적 지지다.

우로의 마지막 자화상은 하나의 그림이 아니다. 그것은 나답게 살아가기 위한 전환의 기록이다. 그 전환은 바로 자기 이해로부터 출발한 것이다.

'함께 읽고, 마음 열기'
그림책코칭 질문

1. 감정 인식과 표현

- 우로가 그림을 그리면서 계속 실패했던 이유는 무엇일까?
- 아버지가 우로에게 기대한 모습은 무엇이었을까?
- 그 기대에 우로는 어떤 기분이 들었을까?
- 너도 무언가를 할 때 누군가의 기대 때문에 부담을 느낀 적이 있었다면 언제였어?
- 그때 그 기대가 너에게 어떤 영향을 주었니?
- 지금 너의 자화상을 그린다면 자화상은 어떤 표정일까?

2. 실패를 대하는 자세

- 우로가 망가진 그림을 천으로 계속 덮는 이유는 무엇일까?
- 천으로 덮을 때 우로의 마음은 어땠을까?
- 실수나 실패라고 느꼈을 때, 숨기고 싶었던 적이 있었다면 언제였는지 말해줄 수 있을까?
- 실패 이후 오히려 더 잘하게 된 일이 있다면 무엇이니? 어떻게 잘하게 되었어?
- 실패 경험을 지금 돌이켜보면, 그때 새롭게 알게 된 건 무엇이니?
- 비슷한 상황이 다시 온다면 무엇을 다르게 해보고 싶어?
- 포기했었지만 다시 시작하고 싶은 일이 있다면 무엇이니?
- 실패해도 다시 해보고 싶은 일이 있다면 무엇이니?

3. 몰입과 성취의 감정

- 우로가 마지막에 그림을 완성했을 때 어떤 기분이었을까?
- 그때 우로와 비슷한 감정을 느낀 경험이 있다면 언제였어?
- 마지막에 우로가 자화상을 덮어두고 한동안 보지 않은 이유는 무엇이었을까?

4. 나의 자화상

- 마침내 완성한 자화상 속 우로의 모습은 어떤 마음을 표현한 것일까?
- 자화상을 그린다면 '너의 자화상'은 어떤 모습이니?
- 자화상 대신 너를 잘 표현할 수 있는 활동은 무엇이 있을까?

PART.2

"할 수 있는 아이"가 자라는 마음의 힘

INTRO

'할 수 있다'는 신념이 아이를 성장시킨다

"난 안 될 거야."

"어차피 해도 못 할 텐데."

공부 앞에 주저앉은 아이들의 입에서 자주 나오는 말들이다. 그 말속에는 게으름이 아니라, 스스로를 믿지 못하는 마음이 담겨 있다. 자기 자신을 믿지 못하면 어느 순간 시도조차 하지 않게 된다.

배움의 길은 결코 직선이 아니다. 넘어지고 멈추고 돌아서는 순간이 반복되는 여정이다. 중요한 점은 새로움에 도전하고, 실패해도 다시 시도할 때 배움을 이어갈 수 있다는 것이다. 그 출발점에 놓인 것이 바로 자기효능감이다.

자기효능감은 어떤 일을 시작하기 전에 "나는 할 수 있다"라고 믿는 마음이다. 이는 실제 능력과는 다르다. 그러나 이 신념은 실제 성취를 예측하는 강력한 지표가 된다. 자기효능감은 아이가 도전을 시작하게 하는 내면의 힘이며, 힘들어도 행동을 지속하게 하는 원동력이다.

자기효능감은 한 번의 칭찬이나 한 번의 성공으로 생기지 않는다. 실패 속에서도 다시 시도하고, 포기하지 않고 끝까지 해내려는 경험이 반복하며 작은 성공들이 쌓여갈 때 형성된다. 이러한 지속적인 끈기와 인내의 힘이 바로 '그릿(Grit)'이다.

그림책 『점』을 통해, 점 하나에서 시작된 작은 변화가 어떻게 자기효능감으로 확장되는지를 살펴본다. 미술 시간 내내 하얀 도화지 앞에서 아무것도 하지 못했던 아이가 선생님의 따뜻한 격려 한마디에 용기를 내어 아주 작은 점 하나를 찍는다. 점 하나에서 시작해 조금씩 더 넓은 자기표현의 세계로 나아가는 여정을 통해, 아이의 자기효능감을 어떻게 키울 수 있을지 생각해 보고자 한다.

그림책 『용감한 아이린』은 혹독한 시련을 견디며 끝까지 길을 걸어 나가는 아이린의 여정을 담고 있다. 이 이야기를 통해, 우리 아이가 언젠가 눈보라 같은 삶의 어려움을 마주했을 때 포기하지 않는 힘을 어떻게 길러갈 수 있을지 함께 생각해 보고자 한다.

"할 수 있다"는 마음은 성장을 지속시킨다. 이 믿음이 있을 때 아이는 도전을 두려움이 아니라 배움의 과정으로 받아들이고, 실패 역시 자신의 가능성을 확장하는 또 하나의 경험으로 바라볼 수 있게 된다.

Chapter.3

**작은 성취가 만든
자기효능감의 시작**

그림책 깊이 읽기

피터 레이놀즈 글·그림 | 점 | 문학동네 | 2011

줄거리 요약

　베티는 미술 시간이 끝날 때까지 하얀 도화지 앞에서 아무것도 그리지 못한다. 그런 베티에게 미술 선생님은 무엇이든 상관없으니 우선 그려보라고 부드럽게 격려한다. 베티는 투덜거리며 작은 점 하나를 찍고, 선생님의 권유에 따라 그 위에 자신의 이름을 쓴다. 그리고 다음 날, 베티는 자신의 작은 점 그림이 금테 액자에 담겨 전시된 것을 보고 깜짝 놀란다.

　이후 베티는 다양한 재료와 방법으로 점을 그려본다. 점에서 선을 만들고, 선에서 면을 만들며, 점점 더 창의적이고 다채로운 작품으로 확장해 간다. 그렇게 자신만의 예술 세계를 펼쳐 나간 베티의 '점' 그림들은 학교 미술 전시회에서 큰 인기를 얻게 된다. 전시회에서 베티는 그림 그리기를 두려워하는 한 아이를 만난다. 베티는 자신과 닮아 있던 그 아이에게 자신이 받았던 격려 그대로를 전하며 용기를 건넨다.

작은 점에서 시작된
자기효능감

　미술 시간 내내 베티는 하얀 도화지 앞에서 아무것도 그리지 못한 채 불만스러운 표정으로 앉아 있다. 미술 시간은 자신의 생각과 감정을 그림으로 표현하는 시간이다. 물감을 한 번도 써본 적 없는 베티에게 그림은 막막하고 낯선 일이었다. 무엇을, 어떻게 그려야 할지 몰라 손이 쉽게 움직이지 않았을 것이다.

　글쓰기를 앞두고 한 글자도 쓰지 못하는 아이, 아무리 설명해도 손을 들지 않는 아이, 하고 싶은 건 많지만 시작이 어려운 아이. 이런 아이들 또한 마음속에 하얀 도화지를 품고 있을지 모른다. 그 앞에 선 아이는 '잘해야 한다'는 압박, '나는 부족하다'는 두려움, '틀리면 어떡하지' 하는 걱정으로 쉽게 첫걸음을 내딛지 못한다.

이럴 때 아이에게 필요한 것은 재촉이나 야단이 아니다. 아이의 마음을 열어줄 다정한 한마디다. 미술 선생님이 베티에게 건넨 말처럼 말이다.

"네가 하고 싶은 대로 해보렴."

이 짧은 말이 굳게 닫혀 있던 베티의 마음에 작은 틈을 냈다. 여전히 불만스러운 표정이었지만, 베티는 도화지에 점 하나를 내리찍는다. 어떤 마음으로 그렸든, 그 점은 첫 시도의 흔적이다. 아무것도 하지 못하던 베티가 처음 내디딘 작은 한 걸음, 그 자체로 의미 있는 변화의 시작이다.

며칠 뒤, 베티는 자신의 점 그림이 금테 액자에 담겨 선생님의 책상 뒤에 전시된 것을 보게 된다. 그 순간 베티는 마음속에서 '저것보다 훨씬 멋진 점을 그릴 수 있어!'라는 내적 확신을 느낀다. 이 경험이 바로 자기효능감의 시작이다.

자기효능감은 실제 능력과 상관없이 "나는 할 수 있다"라고 믿는 마음이다. 이 믿음은 새로운 시도를 가능하게 하고, 행동을 지속하게 하는 심리적 기반이 된다. 점 하나를 찍으면서 베티의 내면은 조금씩 확장되기 시작했고, 그 점이 자라듯 가능성도 함께 넓어졌다. 이후 베티는 한 번도 써본 적 없던 물감을 꺼내 다양한 색상과 재료, 여러 방법으로 점을 그리고 표현한다.

작은 성공의 경험이 반복될수록 스스로의 가능성을 믿게 되고, 새로운 도전도 두려워하지 않게 된다. 점 하나는 작지만, 변화의 시작이다. 시도를 허락받은 아이는 첫걸음을 내딛게 되고,

그 작은 시도가 자신에 대한 믿음으로 이어진다. 믿음을 가진 아이는 더 멀리 나아갈 수 있다. 아이의 성장은 거창한 성공이 아니라, 작은 시도와 포기하지 않는 마음이 차곡차곡 쌓여 이루어진다.

무엇인가 새로운 도전 앞에서 막막해하거나 두려워하는 아이에게 필요한 것은 긴 설명이나 조언이 아니다. 짧지만 진심 어린 격려의 한마디다. 그 말에 용기를 얻어 찍은 점이 선이 되고, 그림이 되고, 결국 아이의 주도적 삶의 밑그림이 된다. 그리고 그 첫 시도는 다정한 한마디에서 시작될 수 있다.

지금 우리 아이는 어떤 도화지 앞에 서 있을까.

"무엇이든 괜찮아. 네가 해보고 싶은 데서 한 번 시작해 볼까?"

이 한마디가 우리 아이 마음에 첫 점을 찍게 할 수 있다.

점 하나를 존중하는
어른의 태도

미술 선생님은 베티에게 기술이나 방법을 알려주기 전에 "무엇이든 그려보라"고 격려한다. 베티의 잠재력을 믿었기 때문이다. 선생님의 믿음은 곧 베티가 자유롭게 자기 자신을 드러낼 수 있도록 돕게 된다. 선생님은 그림의 결과에 집착하지 않았다. 대신 베티가 자기 방식대로 시도해 볼 수 있도록 지지하고, 긍정적 반응으로 격려하였다.

이러한 **따뜻한 격려**는 아이가 실수나 실패를 두려워하지 않고 자신의 감정과 생각을 자유롭게 표현할 수 있도록 돕는 교육적 태도이다. 선생님은 '무엇이든 시도해도 괜찮다', '결과보다 표현이 더 중요하다'는 메시지를 말과 행동으로 보여주었다.

만약 선생님이 "잘 그려야 해"라고 말했다면 어땠을까.

자신감이 없던 베티는 더 부담을 느끼고 시도조차 못했을 가능성이 크다. 자유로운 표현보다 남에게 인정받을 만한 결과에만 집착하게 되고, 결국 창의성과 개성은 쉽게 위축되었을 것이다. 결과 중심의 분위기에서 점 하나는 의미 있는 시도로 받아들여지기 어렵다.

선생님은 베티가 찍은 점 하나를 진심으로 인정하고 "이제 네 이름을 쓰렴"이라고 권한다. 이 말은 "너의 표현은 가치가 있어. 이름을 자신 있게 남겨도 돼"라는 격려이자 그림으로서의 인정이다. 능숙한 그림이 아니어도 괜찮으며, 그 안에 자신의 마음이 담겨 있다면 충분하다는 의미다.

특히 인상 깊은 장면은, 점 하나만 찍힌 그림을 금테 액자에 담아 전시한 부분이다. 금테 액자는 아이의 시도와 표현 자체를 진심으로 존중하는 어른의 태도를 상징적으로 보여준다. 베티는 액자를 보는 순간 자신의 표현이 존중받았음을 느낀다. 액자를 바라보는 베티의 표정은 첫 장면처럼 불만스러워 보이지만, 그녀를 둘러싼 초록빛 배경은 마음속에 피어오른 긍정적 감정을 상징적으로 보여준다. 그리고 곧 베티는 미소를 띤 얼굴로 그림을 그리기 시작한다.

이 장면이 전하는 메시지는 분명하다. 교육의 본질은 결과나 완성도에 있지 않다. 아이가 하고 싶은 것을 자유롭게 시도할 수 있도록 지지하고, 그 과정을 믿고 지켜보는 태도야말로 진정한 교육자의 자세다. 참된 교육은 '무엇을 얼마나 잘했는가'가 아니라, '무엇을 자기답게 해보았는가'에서 시작된다.

아이의 가능성은 때로 점 하나처럼 작고 미약해 보일지 모른다. 그러나 그 작은 시도를 진심으로 바라보고 지지해 주는 어른이 곁에 있다면, 그 가능성은 크게 자라날 수 있다. 코칭 철학의 첫 번째는 '모든 인간의 잠재력은 무한하다'이다. 아이의 잠재력은 부모가 감히 상상할 수 없을 만큼 크다는 것이다. 부모의 지지는 아이 안에 잠든 잠재력을 깨우고, 언젠가 자기 삶의 그림에 자신의 이름을 당당히 적어 넣을 수 있는 힘이 되어준다.

자기효능감이
이끄는 성장

   베티가 도화지에 찍은 첫 번째 점은 완성된 작품이라 부르기 어렵다. 그러나 바로 그 순간부터 변화가 시작되었다. 베티는 다양한 색과 크기의 점을 시도하고, 여백을 활용하거나 색을 섞는 등 새로운 표현에 도전했다. 이렇게 반복된 시도 속에서 쌓인 작은 자신감이 베티를 한 걸음씩 앞으로 나아가게 했다.

   작은 성공의 경험이 쌓일수록 '더 잘할 수 있다'는 믿음이 커졌고, 그 믿음은 미술에 대한 즐거움과 몰입으로 이어졌다. 베티를 성장시킨 것은 뛰어난 실력이 아니라, '스스로 해냈다'는 만족과 '할 수 있다'는 자기효능감이었다. 결국 베티의 수많은 점 그림은 전시회에 걸릴 만큼 멋진 작품들이 되었고, 사람들의 인정을 받으며 자기효능감도 단단해졌다.

청소년기 자기효능감은 학습의 성패를 좌우할 만큼 중요하다. 자기효능감이 높은 아이는 어려운 과제 앞에서도 쉽게 포기하지 않는다. 실수나 실패를 '나는 부족하다'는 증거로 받아들이지 않고, '더 나아질 수 있다'는 계기로 삼는다. 이러한 마음가짐이 끈기 있게 목표를 향해 나아가게 하는 원동력이 된다.

자기효능감은 하루아침에 생기지 않는다. 작은 성공이 반복되고, 그 경험이 '나는 할 수 있다'는 내면의 확신으로 쌓이면서 성장의 원천이 된다.

우리 아이도 어딘가에서 작은 점 하나를 찍고 있을지 모른다. 숙제를 끝낸 찰나, 처음으로 발표에 손을 든 순간, 어려운 문제를 스스로 해결해 낸 경험. 이 작은 시도와 노력을 부모가 알아주고 믿어줄 때, 아이는 다시 한 걸음을 내디딜 수 있다.

아이의 '작은 점'은 시작이자, 자기 자신을 믿는 힘이 삶을 어떻게 바꾸는지 보여주는 상징이다. 오늘의 작은 점 하나가 내일의 더 큰 도전으로, 그리고 자신만의 색과 이야기를 가진 삶으로 이어지는 씨앗이 된다. 자기효능감은 작은 성공의 반복에서 자라지만, 그 힘은 실패와 시도, 그리고 다시 도전하는 과정 속에서 더 단단해진다.

부모의 역할은 아이가 자기 안의 가능성을 스스로 발견할 수 있도록 곁에서 지켜보면서 힘 있게 응원하는 것이다. 작은 성공의 순간을 놓치지 않고 진심 어린 칭찬과 구체적인 격려를 건네는 것, 이것이 아이가 다시 시도할 수 있는 힘이 된다.

"잘했어!"라는 말보다,
"너의 시도가 정말 멋졌어. 거봐, 넌 하면 할 수 있어!"
"오늘은 어제보다 집중력이 더 좋아졌네."

이처럼 노력을 인정하고 변화와 시도를 정확히 알아봐 주는 말이 자기효능감을 키운다.

아이의 한 번의 시도, 그리고 다시 내딛는 한 걸음이 결국 성장 첫 점이 될 수 있다. 성장은 서툰 첫 시도와 그 과정에서 쌓여가는 긍정적 자기 신념 속에서 자라난다. 오늘 찍은 작은 점이 언젠가 커다란 그림이 되어, 아이 자신뿐 아니라 주변 모두에게도 용기와 희망을 건네는 씨앗이 될 것이다.

나의 점에서 너의 점으로
: 확장되는 성장의 힘

베티가 자신이 받은 격려를 다른 아이에게 건네는 마지막 장면은 짧지만 깊은 울림을 준다. 한때 도화지 앞에서 아무것도 그리지 못했던 베티는 선생님의 따뜻한 한마디에 용기를 내 점 하나를 찍었고, 그 작은 시도가 자기효능감으로 이어져 예술가로 성장할 수 있었다.

이제 베티는 "나도 누나처럼 잘 그리고 싶어"라고 말하는 아이에게 자연스럽게 "너도 할 수 있어"라고 응원한다. 선을 제대로 그리지 못해 주저하는 아이에게 "한 번 그려 봐"라며 도화지를 건네고, 이름을 적어보도록 격려한다.

이 장면은 성장의 방향이 '나 혼자 잘되는 것'에서 '함께 성장하는 것'으로 확장되었음을 보여준다. 베티는 자신이 받은 따뜻한 격려를 자연스럽게 나눈다. 자기효능감이 개인의 성취를 넘어 타인에게 긍정적인 영향을 줄 수 있음을 보여준다.

오늘날 교육의 목표는 더불어 살아가고, 함께 성장하며, 나눌 줄 아는 사람을 길러내는 데 있다. 베티는 이제 자신의 성장에 그치지 않고 타인의 가능성까지 바라본다. 베티가 보여준 이 장면은 혼자 앞서가기보다 누군가의 성장을 응원하고 함께 나아가는 아이가 진정으로 '성장한 아이'임을 일깨워준다.

학급에서 발표를 망설이던 아이가 친구의 응원 한마디에 용기를 내고, 줄넘기를 잘하지 못하던 아이가 "같이 해보자"는 말에 다시 시도하며 자신감을 얻는 경험. 바로 이런 순간들이 더불어 살아가는 모습이다.

아이들이 서로를 경쟁자가 아닌, 함께 성장할 수 있는 동료로 바라볼 수 있게 돕는 것은 어른의 중요한 역할이다. 이런 경험과 관계는 점수나 등수로는 표현하기 어렵지만, 삶을 살아가는 데 더 깊은 힘이 된다.

베티의 격려 한마디처럼, 우리 아이들도 언젠가 자신이 받은 응원을 또 다른 누군가에게 건네는 어른으로 자랄 수 있기를 바란다. 그 한마디가 누군가의 시작이 되고, 세상에 작은 희망을 더하는 일로 이어질 것이다.

미래의 인재는 자기만 잘 되는 아이가 아니라, 함께 걸을 줄 아는 아이에게서 자라난다.

'함께 읽고, 마음 열기'
그림책코칭 질문

1. 작은 시작과 용기

- 베티가 도화지 앞에서 망설였던 이유는 무엇일까?
- 너도 무언가를 시작하기 어려웠던 경험이 있었니? 그때 어떤 기분이 들었어?
- 아주 작은 시도(점 하나)로 시작해 본 경험이 있다면 말해줄래?

2. 자기효능감과 작은 성공

- 베티가 점 하나를 찍은 뒤 어떤 변화가 일어났지?
- '할 수 있다!'고 느끼면서 도전했던 일은 무엇이니?
- 네가 해낸 일 중 결과보다 '시도했다는 것' 자체가 의미 있

었던 경험은 무엇이니?
- 처음에는 어려웠지만 점점 잘하게 된 일은 무엇이니?

3. 존중과 격려
- 선생님이 베티의 점 하나를 액자에 넣어준 이유는 무엇일까?
- 예상하지 못했지만 네 노력을 인정받은 경험이 있다면 언제였니?
- 누군가 네 노력을 인정해 주었을 때 어떤 생각이 들었니?

4. 성장과 나눔
- 베티가 다른 아이에게 "너도 할 수 있어"라고 말해준 장면은 어떤 의미일까?
- 네가 받은 격려 중 기억에 남는 말은 무엇이니?
- 네 주변에 도전에 망설이고 있는 친구가 있다면, 어떻게 격려해 줄 수 있을까?

Chapter.4

끝까지 해내는 힘

그림책 깊이 읽기

윌리엄 스타이그 글·그림 | 용감한 아이린 | 비룡소 | 2017

줄거리 요약

　재봉사인 엄마는 공작부인의 무도회 드레스를 완성하고 배달해야 하는 날, 몸이 아파 집을 나설 수 없게 된다. 그때 아이린이 아픈 엄마를 대신해 드레스를 전해주겠다며 눈보라 치는 험한 길을 나선다.
　길을 나서는 순간, 눈바람은 더욱 거세진다. 그러다 드레스가 바람에 휩쓸려 어디론가 날아가 버린다. 아이린은 눈 속에 파묻히기까지 하며 깊은 절망에 빠지고, 추위와 두려움, 외로움 속에서 한동안 포기하고 싶은 마음이 밀려온다.
　그러나 아이린은 엄마를 생각하며 마음을 다잡고, 공작부인의 집을 향해 한 걸음씩 나아간다. 마침내 공작부인의 집에 도착하자 기적처럼 나무에 걸린 드레스를 발견하게 된다. 아이린은 공작부인의 따뜻한 환대와 인정을 받으며 무도회에도 참석하게 된다. 이후 공작부인의 배려로 안전하게 집으로 돌아온다.

사랑이 용기와 책임으로
자라는 순간

    이야기는 아이린의 엄마가 공작부인의 드레스를 완성한 날, 몸이 아파 배달을 갈 수 없게 되면서 시작된다. 이때 아이린이 엄마를 대신해 드레스를 전달하겠다며 자청한다.

    아이린은 눈바람 치는 위험한 날씨에도 불구하고 왜 심부름을 자청했을까? 여기에는 엄마를 돕겠다는 마음 이상의 의미가 있다.

    첫 장면에서 아이린은 엄마의 드레스를 보며 진심으로 감탄한다.

    "엄마, 정말 예뻐요. 세상에서 제일 예쁜 드레스가 됐어요!"

이 말은 평소 아이린이 엄마에게서 자주 들었던 말에서 비롯된 것이다. 아이린이 무언가를 해냈을 때, "우와, 정말 멋지다. 대단하네!"같은 인정을 늘 받아왔기에 비슷한 상황에서 자연스럽게 나오는 표현이다. 또한 엄마가 자신의 걱정을 어린 아이린에게 솔직하게 털어놓을 수 있다는 사실에서, 두 사람의 관계가 정서적으로 건강하고 깊다는 점도 드러난다.

아이린의 선택은 엄마에 대한 사랑에서 비롯되지만, 그 사랑은 '엄마가 맺은 약속'을 자기 일처럼 여기게 하는 책임감으로 확장된다. 사랑이 책임으로 성장하는 과정이 자연스럽게 드러나는 지점이다.

그러나 사랑만으로 길을 나설 수 있었던 것은 아니다. 폭설과 강풍 때문에 아이린을 걱정하며 만류하는 엄마에게 아이린은 "저 눈 좋아하잖아요"라고 말하며 안심시킨다. 여기에는 두려움을 긍정으로 바꾸는 능동적 태도, 스스로 해낼 수 있다고 믿는 자기효능감이 뒷받침되어 있다.

출발 전 아이린은 아픈 엄마를 침대에 눕히고, 이불을 두 겹으로 덮어주고, 따뜻한 차를 준비하고, 난로에 장작까지 넣는다. 드레스를 포장하면서도 행여나 망가질까 조심스럽게 다룬다. 이 모든 행동은 자신이 맡은 역할을 인식하고 책임지려는 아이린의 성숙함을 보여준다.

자기효능감은 이렇게 스스로 선택하고 직접 실행하는 경험 속에서 자란다. 어른이 모든 것을 대신해 준다면 결코 생겨나기 어렵다. 결국 아이린의 용기는 사랑과 책임, 그리고 자신을 믿는 마음이 만나 내면에서 피어난 힘이다. 진정한 성장은 누군가 등에 떠밀려 이뤄지는 것이 아니라, 스스로의 선택과 경험 속 한계를 넘어서는 과정에서 이루어진다.

눈보라를 헤치며 성장으로 나아가다

집을 나서는 순간, 아이린은 혹독한 자연으로부터 시련을 맞이한다. 눈보라와 강풍이 길을 가로막고, 어디가 언덕인지조차 알 수 없으며, 아이린의 발은 눈 속에 깊이 빠져 다치기까지 한다. 이 차가운 자연은 아이린이 처음으로 세상의 냉혹함을 온몸으로 마주하는 순간이자, 따뜻한 엄마의 품을 떠나 외부 세계와 만나는 현실의 문턱을 상징한다.

이야기에서 눈보라 장면은 가장 긴 분량을 차지한다. 페이지를 넘길수록 배경은 온통 하얗게 변하고 눈보라는 점점 거세진다. 이 장면이 반복되고 중심이 되는 이유는 단순히 긴장감을 높이기 위해서가 아니다. 아이린의 내면에 점차 깊어지는 두려움과 외로움, 그리고 포기의 유혹까지 세밀하게 보여주기 위함이다.

　드레스를 잃어버려 절망하는 순간, 그리고 다시 힘을 내어 나아가는 과정에서 아이린의 내적 성장이 시각적으로 드러난다. 아이린은 상자를 품에 꼭 안고 눈보라를 헤치며, 넘어지고 일어서기를 거듭한다. 아이린이 결국 목적지에 도착했다는 것은 심부름을 완수했다는 의미를 넘어선다. 아이린은 혹독한 눈보라를 온몸으로 견디며 오로지 자기 힘으로 외적인 시련과 내적 갈등을 극복했고, 그 과정에서 한층 더 성장했다.

　현실의 아이들도 각자 자기만의 눈보라 속을 걷고 있다. 발표 앞에서 떨거나, 기대보다 낮은 성적에 낙담하거나, 친구 관계로 힘들어하는 순간들이 아이들에게는 거대한 눈보라처럼 느껴진다. 어른에게는 작아 보일 수 있는 자잘한 시련들이, 아이에게는 삶을 흔드는 큰 시련일 수 있다.

　아이들이 넘어지는 순간 개입하고 싶을 때가 많다. 하지만 그 순간 아이에게 필요한 것은 조급한 도움보다 스스로 일어나 자기 속도로 다시 걸어갈 수 있도록 도와주는 격려다. 성장은 누군가가 대신 걸어주는 것이 아니라, 넘어지고 일어서며 자기만의 길을 스스로 만들어가는 과정에서 이루어진다.

상실과 절망의 순간, 다시 걷는 힘

 이야기에서 가장 절박한 순간은 드레스가 바람에 날아가는 장면이다. 드레스에는 엄마의 사랑, 공작부인과의 약속, 그리고 아이린 책임감까지 모두 담겨 있다. 드레스를 잃는다는 것은 아이린에게 존재의 의미와 신뢰마저 흔들리게 하는 깊은 절망의 순간이다.
 드레스는 험한 여정을 견디게 해준 버팀목이자, 아이린이 '왜 이 길을 걷고 있는가'라는 사명감을 구체화해 주는 상징이었다. 드레스를 잃은 순간, 아이린은 길도, 목적도 사라진 듯한 깊은 무력감에 잠긴다. 그러다 온몸이 눈 속에 파묻히자, '그래, 그냥 이대로 얼어 죽자. 그러면 이 고생도 끝이잖아'라고 생각한다. 이 장면은 자기 한계와 정면으로 마주한 절박한 상황에서 내면

깊숙이 자리한 무력감과 싸우는 처절함을 보여준다.

하지만 그 순간, 아이린은 엄마의 따뜻한 사랑을 떠올리며 다시 일어선다. 정서적 애착은 내면 깊이 자리한 힘으로, 아이린에게 한 번 더 스스로를 일으켜 세울 에너지를 준다. 여기에 그릿(grit), 즉 외부 보상과 상관없이 끝까지 과업을 완수하게 하는 끈기가 더해진다. 드레스를 잃고도 빈 상자를 안고 계속 길을 나서는 모습은, 실패감에 멈추지 않고 끝까지 자신의 책임을 지려는 내적인 힘을 보여준다.

아이들도 실패와 좌절, 상실을 겪을 때마다 포기와 재기의 갈림길 앞에서 흔들린다. 그때 필요한 것은 다시 한번 시도하고 끝까지 해내려는 끈기다.

실제로 이 책에서 드레스를 잃기 전과 후의 이야기를 비교해보면, 드레스를 잃은 이후의 장면이 더 많은 분량을 차지한다. 이는 이 작품이 성취보다 '실패 뒤에 다시 일어서는 힘'에 더 큰 메시지를 싣고 있다는 의미다. 텅 빈 상자를 안고 한 걸음씩 계속 걷는 모습은 보호받던 아이에서 자기 삶의 책임을 감당하는 존재로 성장하는 변화를 상징한다.

마침내 아이린은 저택 앞 나뭇가지에 걸린 드레스를 발견한다. 그 순간 아이린은 "엄마!"라고 외친다. 이 한마디는 자신이 어떤 마음으로 이 길을 다시 걷게 됐는지 깨닫는 감정의 폭발이다. 드레스는 상실과 절망을 견디며 포기하지 않은 마음이 불러낸 응답이며, 회복의 상징이 된다.

기적은 절망 속에서도 끝까지 마음을 붙잡고 희망을 향해 나아갈 때 일어난다. 이 이야기는 사랑과 신뢰, 그리고 그릇이 만나는 순간 아이가 스스로를 다시 일으키며 성장해가는 과정을 깊고 울림 있게 보여준다.

시련의 바람,
기적의 바람

 이야기 속 바람은 아이린이 겪는 시련과 성장, 두 가지 의미를 함께 지닌다. 초반의 바람은 분명 적이다. 눈보라와 강풍이 몰아치고, 아이린은 그 바람 속에서 시야를 잃는다. 결국 품에 안고 있던 드레스마저 잃어버린다. 이 장면은 아이린이 간직했던 약속과 책임이 바람 앞에서 산산이 흔들리는 순간이며, 삶에서 예고 없이 닥쳐오는 상실과 좌절을 상징적으로 보여준다.

 하지만 이야기가 후반부로 넘어가면서 바람은 전혀 다른 의미를 갖게 된다. 사라졌던 드레스가 공작부인 저택 앞 나뭇가지에서 발견되는 장면 역시 바람이 만들어낸 일이다. 한때 모든 것을 빼앗아 간 바람이, 그 순간에는 회복과 희망을 다시 돌려주는 전달자가 된다. 이 변화는 아이린이 끝까지 포기하지 않고 걸어

갔기 때문에 가능했던 일이다.

누구에게나 시련의 바람은 불어온다. 시험 앞에서 흔들리고, 친구 문제로 속상해하고, 기대에 미치지 못한 결과에 스스로를 탓하기도 한다. 그 바람 속에서 아이가 잠시 주저할 때, "왜 이리 약하냐"고 다그치기보다는, 바람이 지나면 다시 일어설 수 있다는 신뢰를 보여주는 태도가 필요하다.

부모의 삶도 다르지 않다. 부모와 자녀 사이에 갈등이 찾아올 때가 있다. 하지만 진심 어린 대화와 시간을 통해 관계는 다시 회복될 수 있다. 상처로 느껴졌던 경험이 오히려 관계를 더 단단하게 만드는 토대가 되기도 한다. 시련의 바람이 내면의 힘을 길러주는 또 다른 기적의 바람이 될 수 있는 이유다.

바람은 예고 없이 찾아오지만, 끝까지 마음을 지켜 가는 이에게는 새로운 길을 열어준다. 아이린이 보여 준 용기는 평탄해서 생긴 것이 아니라, 고통 속에서도 자신의 마음을 놓지 않았기 때문에 자라난 용기였다. 누구에게나 시련의 바람이 불 수 있지만, 그 바람을 견디고 끝까지 마음을 지키는 이에게만 기적의 바람이 찾아온다.

책임과 노력 끝에 열린 문, 사회가 건네는 인정

 아이린이 향한 최종 목적지는 공작부인의 저택이다. 그러나 이 이야기는 드레스를 배달하는 임무의 완수로 끝나지 않는다. 그 이후의 이야기가 의미심장하다. 저택 안에서의 경험은, 아이린이 스스로의 힘으로 끝까지 걸어온 여정을 증명하고, 그 노력에 대한 따뜻한 보상으로 이어진다.

 차가운 절망의 밤, 멀리서 저택의 불빛을 발견한 아이린은 그 불빛을 향해 희망의 끈을 놓지 않는다. 그 빛은 아직 약속이 살아 있고, 누군가의 마음이 기다리고 있음을 알려주는 등불처럼 비친다. 아이린은 마지막 남은 힘을 모아 그 불빛을 향해 나아간다.

 이렇게 저택에 도착한 아이린을 기다린 것은 따뜻한 환대였다. 공작부인과 하인들은 아이린의 이야기를 진심으로 경청하며, 젖은 옷을 말려주고, 따뜻한 식사를 대접한다. 무도회에 초대하고, 다음 날에는 마차를 준비해 집까지 안전하게 보내준다. 이 모든 친절은 아이린이 끝까지 다해낸 책임과 성실함을 인정하는 공동체의 응답, 말 그대로 사회의 품격 있는 보상이다.

공작부인은 아이린에게 신뢰로운 대상이자, 진심을 말하면 받아들여 줄 수 있는 참어른의 상징이다. 아이린이 드레스를 잃었을 때, 공작부인에게 사실대로 말하면 믿어줄 것이라 확신하며 빈 상자를 들고라도 가려던 이유가 여기에 있다.

공작부인의 저택은 엄마의 사랑, 아이린의 책임감, 공작부인의 기다림이 만나는 지점이다. 엄마가 만든 드레스는 아이린의 품을 거쳐 공작부인의 손에 도달한다. 이 만남은 아이린이 사회적 관계 속에서 자기 역할을 다해낸 경험이자, 유능감이 확인되는 순간이다.

이후 공작부인이 엄마에게 전하는 편지는 성장의 외적 확인이자 사회적 인정의 상징이 된다. 편지 내용에는 아이린이 감내한 여정과 용기, 책임에 대한 공감과 존중이 담겨 있다. 부모에게는 자녀의 성장을 타인의 시선으로 확인하는 기회이며, 아이에게는 '한 사람 몫'을 공식적으로 인정받는 것이다.

아이린의 여정은 혼자만의 힘으로만 완성되지 않았다. 그 용기를 알아보고 인정해주는 어른들이 있었기에 가능했다. 우리 아이들도 언젠가 각자의 눈보라 속을 뚫고 누군가에게 진심을 전하러 걸어갈 날이 올 것이다. 그 길 끝에 공작부인처럼 아이를 따뜻하게 맞아주는 어른이 있다면, 아이는 세상을 조금 더 믿고, 자신을 더 단단하게 바라보게 될 것이다.

아이를 키운다는 것은 눈보라를 대신 막아주는 일이 아니다. 그 눈보라 속을 자신만의 속도로 걸어갈 수 있도록 믿고 응원해 주는 일이다. "너는 해낼 수 있어"라는 신뢰, "실패해도 괜찮아"라는 따뜻한 시선은 아이의 자기효능감을 지키는 힘이며, 끝까지 해내는 그릿(Grit)을 키우는 토양이 된다.

학창 시절 원하는 목표를 달성하지 못하는 실패는 누구나 겪는다. 이때 다시 일어나 목표를 향해 나아가는 아이는 계속 성장해 나간다. 자기효능감은 '나는 할 수 있어'라는 믿음이며, 그릿은 그 믿음을 포기하지 않는 힘이다. 이 두 자원이 함께 자라날 때, 아이는 어떤 눈보라 속에서도 자신을 잃지 않고 자신의 길을 끝까지 걸어갈 수 있다.

그리고 그 길의 끝에는, 포기하지 않고 끝까지 걸어간 아이에게만 열리는 환대의 문이 기다린다.

'함께 읽고, 마음 열기'
그림책코칭 질문

1. 사랑과 책임

- 아이린은 왜 위험한 날씨에도 스스로 심부름을 나섰을까?
- 혹시 너에게도 힘든 상황이지만, 누군가를 위해 기꺼이 도와주고 싶었던 경험이 있다면 언제였니?
- 그때 왜 도와주고 싶었을까? 어떤 마음이었니?

2. 눈보라와 시련

- 아이린이 눈보라 속에서 가장 힘들었던 순간은 언제였을까?
- 너에게 작은 눈보라 같은 시련은 언제였니? 그때 어떤 기분

이었니?
- 네가 스스로 어려움을 극복했던 일은 무엇이니? 그때 어떻게 이겨낼 수 있었니?
- 도전하는 일에 어려움이 있을 때 어른들이 어떻게 해주면 너에게 힘이 될까?

3. 상실과 다시 걷는 힘

- 드레스를 잃어버린 순간, 아이린은 어떤 마음이었을까?
- 아이린이 다시 일어나 나아갈 수 있었던 이유는 무엇일까?
- 너도 어떤 것을 잃거나 실패해서 포기하고 싶었던 순간이 있었다면 언제였니?
- 힘든 순간이 오히려 너를 단단하게 만든 경험이 있다면 이야기해 줄래?
- 그런 상황이 다시 온다면 어떻게 하겠니?

4. 바람의 두 얼굴

- 이야기 속 바람은 처음에는 시련이었지만, 나중에는 기적을 가져왔어. 왜 그렇게 변했을까?
- 너에게도 처음엔 힘들었던 일이 시간이 지나 오히려 도움이 된 일이 있다면 무엇이니?

- 그럼, 시련을 겪을 때 어떤 마음으로 대처하면 좋을까?

5. 끝까지 해낸 아이, 사회의 보상

- 공작부인이 아이린을 따뜻하게 맞이하고 환대해 준 이유는 무엇일까?
- 환대를 받는 아이린의 마음은 어떨까?
- 너의 노력을 알아주고 존중해주는 어른이 곁에 있다면 어떤 마음이 들 것 같아?

PART.3

목표지향성과 몰입

INTRO

동기의 방향이 바뀌면
배움의 즐거움도 바뀐다

부모의 말에 항상 "네"라고 대답하며 칭찬을 자주 받는 아이가 있다. 그러나 정작 자신의 생각을 드러내지 못하고, 남 앞에서 위축되는 모습을 볼 때면 이런 질문이 떠오른다. 이 아이는 정말 괜찮은 아이일까. 왜 눈치를 볼까. 모범적인 태도 뒤에 아이 내면에는 실수에 대한 두려움, 실망시키지 않으려는 부담, 규칙을 어겨서는 안 된다는 긴장감이 숨겨져 있을 수도 있다.

겉보기엔 똑같이 열심히 공부하는 것 같은 아이들도 그 속에 자리한 동기의 방향은 서로 다르다. 어떤 아이는 "똑똑해 보여야 하니까", "칭찬을 받아야 하니까"라는 외적 기준에 이끌리고, 또 누군가는 "더 알고 싶어서", "이전보다 성장하고 싶어서"라는 내면에 이끌려 움직인다. 교육심리학에서는 이 차이를 '수행목표'와 '숙달목표'로 구분한다.

수행목표는 타인의 인정과 비교에서 비롯된 동기다. 단기적으로는 성과가 나올 수 있지만, 실수와 실패에 과도하게 민감해지고, 몰입을 방해하는 부작용이 있다.

숙달목표는 자기 성장, 이해, 배움 그 자체에 의미를 둔다. 이런 아이는 실패를 성장의 일부로 받아들이고, 스스로 탐구하면서 깊고 지속적인 배움을 경험한다.

그림책 『착한 어린이 대상! 제제벨』의 제제벨은 모든 규칙을 완벽히 지키는 '모범생'이다. 그러나 위기 앞에서는 스스로를 지키지 못한다. 성취와 외적 인정에 맞춰 살아온 아이의 취약함이 드러난다.

반면 『샘과 데이브가 땅을 팠어요』속 두 아이는 결과보다 과정에 마음을 둔다. 실패해도 다시 시도하고, 서로 협력하며 탐구를 계속한다. 성취 여부와 상관없이 직접 파보고 부딪쳐 본 경험 자체에 충분한 기쁨을 느낀다. 점수를 잘 받았기 때문에 성장하는 것이 아니다. 스스로 시도하고 실패하고, 방향을 바꿔가며 탐색한 그 과정이 의미있는 배움을 남긴다.

공부는 높은 성취만을 위해, '정답'을 얻기 위한 수단이 되어서는 안 된다. 지금 우리 아이는 무엇을 위해 배우고 있는지, 그 동기가 외부의 시선이 아닌 자기 안의 열망에서 비롯된 것인지, 부모는 귀 기울여야 한다. 부모의 한마디, 따뜻한 시선은 아이가 점수에 매이지 않고 과정에 집중할 수 있도록 돕는 힘이 된다.

두 권의 그림책을 통해 동기의 방향을 다시 점검하고, 아이의 성장을 바라보는 관점을 나누고자 한다. 변화와 성장은 혼자 씨름한 흔적, 실패 속에서 조금씩 넓어진 생각, 그리고 자신만의 시선으로 한 걸음 내딛는 과정 속에 담겨 있다.

Chapter.5

**아이를 바라보는 두 개의 시선
— 외적 성취와 내면 성장 사이에서**

그림책 깊이 읽기

토니 로스 글·그림 | 착한 어린이 대상! 제제벨 | 키위북스 | 2020

줄거리 요약

　제제벨은 모든 면에서 흠잡을 데 없이 완벽한 아이다. 대통령으로부터 '착한 어린이 대상'을 받고, 공원에는 그녀의 동상까지 세워진다. 그러나 시간이 흐를수록 제제벨의 표정에는 점점 굳은 기색과 심술이 묻어나기 시작하고, 상을 받는 장면에서는 날카로운 송곳니까지 드러난다.
　그러던 어느 날, 학교 복도에서 아이들이 다급하게 "도망쳐!"라고 외친다. 하지만 제제벨은 복도에서 뛰면 안 된다는 규칙을 끝까지 지킨다. 바로 그 순간 악어가 나타나고, 제제벨은 결국 악어에게 잡아먹히고 만다.

"착하게, 바르게"의 대가
: 감정 억압과 고립의 시작

제제벨은 단정한 옷차림, 바른 자세, 밝은 미소로 등장한다. 규칙을 잘 지키고 어른의 기대에 빈틈없이 부응하는 아이처럼 보인다. 그러나 책장을 넘길수록, 그 완벽함 뒤에 숨은 불안과 긴장이 서서히 드러난다.

처음에 밝았던 제제벨의 표정은 점점 굳는다. 상을 받는 장면에서는 웃는 얼굴에 날카로운 송곳니가 드러난다. 겉으로는 착하고 모범적인 아이 같아 보이지만, 내면에는 두려움, 억눌린 감정, 감춰진 분노가 자리한다. 제제벨은 '착한 아이'라는 이름 아래에서 자신을 억누르며 완벽함을 연기한다.

겉으로만 보면 모범생처럼 보일 수 있지만, 그런 아이들은 마음속에 외로움과 불안을 쌓아간다. 자존감 저하, 감정 억압, 자기 결정력의 약화, 또래와의 거리감, 자기 인식의 어려움이 동반될 수 있다. 평가받는 경험이 반복될수록 실수를 실패로 여기고, 도전보다는 정해진 정답을 택하려는 경향이 강해진다.

항상 칭찬을 받고, 성적도 좋은 아이가 틀릴까 두려워 발표를 망설이기도 한다. 과제를 끝내고도 "다음엔 뭘 하면 되나요?"라고 묻기만 하며 스스로 판단하지 못하는 모습을 보이기도 한다. 결국 자율성은 약해지고, 외부의 인정에 의존하는 습관만 남는다.

그림 속 제제벨은 대부분 혼자 중심에 서 있다. 자세는 반듯하고 표정은 환하지만, 주변 아이들과 정서적으로 연결되어 있지 않다. 다른 아이들은 장난을 치고 웃으며, 자기 감정을 있는 그대로 드러낸다. 이 아이들은 '모범적인 아이'는 아닐지 몰라도, 감정 속에서 회복할 수 있는 힘을 지니고 있다.

이 대비는 겉으로는 중심에 있는 듯 보이지만, 정서적으로 고립된 제제벨의 모습을 상징한다. 웃고 있지만 진심이 담기지 않은 표정, 질서정연하지만 비어 있는 관계는 '착한 아이'라는 기준이 감정 표현과 관계 형성을 얼마나 쉽게 억누르는지를 보여준다.

착함과 성공에 조건이 붙은 칭찬과 사랑을 경험할수록, 아이는 자신의 감정보다 타인의 기대에 맞추는 행동을 우선하게 된다. 이 과정에서 또래와의 진정한 교류는 어려워지고, 자기표현은 위축되며, 관계 속 불안은 커져 간다. 결국 '인정받는 아이'는 될 수 있어도 '연결되는 아이'로 자라기는 어렵다.

제제벨은 실수하지 않기 위해 스스로를 계속 검열한다. 칭찬을 유지하기 위해 완벽함을 연기할수록 감정은 억눌리고, 또래 관계도 멀어진다. 결국 위기 상황이 닥쳤을 때 제제벨은 규칙을 우선하며 도망치지 못한 채 사라진다. 외부 기준에 따라 살아가던 아이가 정작 자신을 지켜야 할 순간, 스스로를 보호하지 못하는 비극적 결말이다.

'착한 아이'의 함정
: 왜 제제벨은 뛰지 못했을까

 이야기의 결말은 적지 않은 충격과 강한 여운을 남긴다. 복도에 악어가 나타난 순간, 아이들은 다급하게 외친다.
 "제제벨, 도망쳐!"
 하지만 제제벨은 주저 없이 되받아친다.
 "복도에서는 뛰면 안 돼!"
 제제벨은 그대로 멈춰 서고, 결국 악어에게 잡아먹히고 만다. 이 장면은 '규칙대로 행동했던 착한 아이가 위기 앞에서 스스로를 지키지 못하는 현실'을 상징적으로 드러낸다.
 제제벨은 어릴 때부터 모범적인 태도로 다양한 칭찬과 상을 받아 왔다. 그 노력 뒤에는 "그래야 사랑받을 수 있어"라는 믿음이 자리하고 있었다. 그 믿음은 규칙을 최우선과 최종 기준으로 여기는 태도로 굳어졌고, 결국 생존이 달린 순간에도 정해진 규칙을 우선하게 만들었다. 문제의 핵심은 제제벨이 '무엇이 중요한가'를 스스로 판단하지 못했다는 점이다.

우리는 흔히 '착한 아이', '질서 있는 아이'를 이상적인 모습으로 상정한다. 규칙을 지키는 태도는 공동체 생활에서 분명 중요한 자질이다. 그러나 규칙 자체가 목적이 되고, 그것이 사랑받는 기준이 되는 순간, 아이는 자신의 감정과 상황을 고려하지 못한다. "해야 한다"는 말에 익숙해진 아이는 "왜 지금은 달라야 하는가"를 스스로 생각하기 어렵다. 규칙은 기준일 수는 있지만, 모든 상황에 맞는 정답은 아니다.

오늘의 아이들은 수많은 규칙과 통제 속에서 자란다. 학교의 교칙, 가정의 규율, 사회의 기대까지, 곳곳에서 아이들은 "문제 일으키지 않는 법"을 배운다. 그 결과 위험하거나 부당한 상황을 만나도 나서지 못하고, 판단과 행동을 멈추는 경우가 많다. 친구가 괴롭힘을 당해도 침묵하고, 잘못된 상황 앞에서도 말을 아끼며, 감정을 표현하기보다 무표정으로 넘기는 모습이 반복된다. 겉으로는 규칙을 잘 지키고 있으니, 어른들은 오히려 '안정적이고 괜찮은 모습'이라고 착각하기 쉽다.

그러나 규칙에 익숙해질수록, 아이는 점차 스스로 결정하고 감정을 표출하는 법을 잃는다. 외부 기준을 내면화하고 타인의 기대에 맞춘 행동을 반복할수록, 판단보다 '정답 고르기'에 길들여진다. 위기 상황에서조차 "문제 일으키지 말라"는 말이 먼저 떠오르는 순간, 아이는 제제벨처럼 자신을 지킬 기회를 잃는다.

물론 규칙은 중요하다. 하지만 아이에게 필요한 것은 정해진 기준을 맹목적으로 따르는 능력이 아니라, 왜 규칙을 지켜야 하는지 이해하고, 상황에 따라 스스로 판단할 수 있는 내적 힘이다. 이 판단력은 "생각해 봐"라고 말한다고 저절로 자라지 않는다. 자신의 감정을 솔직하게 표현할 수 있는 안전한 관계, 실패나 실수를 탓하지 않는 자율성의 경험, 그리고 "왜 이런 선택을 했니?"라고 존중하며 대화하는 시간이 함께할 때 길러진다.

부모는 아이가 모든 상황에서 "정답"을 정확히 고르도록 만드는 사람이 아니다. 오히려 스스로 질문하게 하고, 감정을 해석하도록 돕고, 자신만의 기준을 세울 수 있도록 곁에서 지켜보는 사람이어야 한다. 모든 아이의 마음에는 작은 나침반이 있다. 그 나침반은 누군가의 칭찬이나 평가가 아니라, 자기 스스로 내린 판단이 흔들릴 때 가장 정확하게 방향을 가리킨다.

부모의 역할은 그 나침반을 대신 움직여주는 것이 아니라, 아이가 그 진동을 믿고 따를 수 있도록 도와주는 일이다. 통제보다 신뢰, 가르침보다 대화가 필요한 이유가 여기에 담겨 있다. 부모는 아이의 삶을 대신 살아줄 수 없다. 그러나 아이가 자신의 삶을 살아갈 수 있도록 옆에서 함께 걸어줄 수는 있다. 이것이 아이에게 줄 수 있는 단단하고 안전한 사랑이다.

타인의 시선에서 자기다움으로
: 동기의 방향을 다시 묻다

많은 부모는 자녀가 성실하고 모범적으로 자라기를 바란다. 그러나 그 바람이 '잘 보이고 싶은 마음'으로 연결되면, 아이는 점점 외부 기준에 맞추려는 수행목표에 몰두하게 된다. 그림책 『착한 어린이 대상! 제제벨』은 이런 동기 구조가 아이의 자기다움을 어떻게 조금씩 지워가는지 적나라하게 보여준다.

제제벨은 규칙을 철저히 지키며 기대받은 모습 그대로 행동한다. 대통령에게 상을 받고, 텔레비전에 출연하며, 공원에는 동상까지 세워진다. 그러나 상을 받은 직후, 제제벨은 거울 앞에서 자신의 얼굴이 아니라 상장을 비춘다. 자신의 가치를 외부 평가로만 확인하는 심리가 그대로 드러나는 장면이다.

동상 앞을 지나가는 다른 아이들은 제제벨의 완벽한 모습에

감탄하지 않는다. 오직 제제벨만이 만족스러운 표정으로 동상을 바라볼 뿐이다. 이는 '누구에게 잘 보이기' 위해 살아갈 때, 그 기준이 결국 자기 자신에게만 강박으로 남는다는 사실을 암시한다.

많은 아이들이 '잘하려는 마음'으로 공부한다. 칭찬받기 위해, 실수하지 않기 위해, 정해진 길을 벗어나지 않기 위해 애쓴다. 겉으로는 성실해 보이지만, 마음속에서는 자기 판단을 내려놓고 외부 평가에 의존하게 된다. 배움의 즐거움이 아니라 비교·인정·불안에 의해 움직이기 시작하면, 아이는 자신의 삶의 방향을 스스로 정하기 어려워진다.

이런 동기를 교육심리학에서는 '수행목표지향성'이라 부른다. 다른 사람에게 유능해 보이고 인정받기 위한 동기다. 단기 성취에는 도움 될 수 있으나, 장기적으로는 자아 정체성과 자기주도성을 흔들어 놓는다. 실수를 두려워하고, 도전보다는 정답이 보장된 길을 선택하게 만든다. 결과적으로 아이는 감정도 실수도 허용되지 않는 '움직이는 동상'처럼 굳어 간다.

반면 숙달목표지향성은 이해·탐구·자기 성장을 중심으로 한다. 실수해도 괜찮다는 여유, 잠시 엇나가도 다시 돌아올 수 있는 여백이 있을 때, 아이는 타인의 시선이 아니라 자기 마음에서 삶의 방향을 정할 수 있다.

중요한 사실은, 이러한 동기 구조가 단지 학업 영역에만 영향을 주는 것이 아니라는 점이다. 외모와 체형, 성 역할과 같은 민감한 영역에서도, 아이는 '타인의 욕망'을 기준으로 자신을 평가하기 시작한다. 이는 정서적 어려움으로 이어질 수 있고, 장기적으로 아이의 정신 건강과 자기정체성 형성을 위협한다.

그래서 아이에게는 실수해도 괜찮다고 말해주는 어른이 필요하다. 타인과 비교하기보다 아이의 속도와 감정을 존중해주는 시선이 필요하다. 부모는 아이가 자기 삶의 주체로 설 수 있도록 조건 없는 지지와 공감을 보내는 '심리적 안전기지'가 되어야 한다.

지금 우리 아이는 정말 괜찮은가.

웃고 있지만, 그 마음까지 웃고 있는가.

완벽함을 요구하기보다 감정을 솔직히 나눌 수 있는 공간, '착한 아이'가 아니라 '자기답게 살아가는 아이'를 위한 여백. 그것이 오늘 우리 아이에게 필요한 환경이다.

'함께 읽고, 마음 열기'
그림책코칭 질문

1. 잘 보이고 싶은 마음, 수행목표지향성

- 제제벨은 왜 늘 어른들의 기대에 맞추어 행동했을까?
- 너도 칭찬받고 싶어서 더 열심히 한 적이 있니? 그때 어떤 기분이었니?
- "잘해야 한다"는 마음이 너를 힘들게 만든 적이 있니? 어떤 경험이었니?

2. 외적 기준과 자기다움

- 제제벨은 왜 거울에 얼굴이 아닌 상장을 비춰 보았을까?
- 혹시 다른 사람의 평가 때문에 내 마음과 다르게 행동한 적

이 있었다면 언제였니?
- "착해야 해"라는 말과 "나답게 살아야 해"라는 말 중, 어떤 말이 더 힘이 되니? 왜 그럴까?

3. 감정 억압과 자기표현
- 제제벨의 표정이 점점 굳어지고 송곳니가 드러난 건 무슨 의미일까?
- 혹시 웃고 있지만 사실 속마음은 다를 때가 있었니? 언제였니?
- 네 마음을 솔직하게 표현했을 때, 주변 사람들의 반응은 어땠니?

4. 규칙과 판단
- 제제벨은 왜 악어가 나타난 순간에도 도망치지 않았을까?
- 규칙을 지키는 것보다 스스로 판단해서 행동하는게 더 중요할 때는 언제일까?
- 위험하거나 부당한 상황에서 네가 할 수 있는 선택은 무엇일까?

5. 자기다움과 성장

- 제제벨이 결국 사라진 것은 무엇을 의미할까?
- 너는 "항상 잘해야 해" 대신 "실수해도 괜찮아"라는 말을 들을 때 어떤 기분이 드니?
- 네가 자기답게 살 수 있도록 필요한 환경이나 어른들의 태도는 무엇이라고 생각하니?

Chapter.6

몰입과 협력으로 이끄는 숙달목표지향성

그림책 깊이 읽기

맥 바넷 글, 존 클라센 그림 | 샘과 데이브가 땅을 팠어요 | 시공주니어 | 2020

줄거리 요약

샘과 데이브는 어마어마하게 멋진 것을 찾겠다며 땅을 파기 시작한다. 처음에는 똑바로 아래로만 파다가, 곧 방향을 바꿔 옆으로도 파고, 때로는 서로 다른 방향으로 나아가기도 한다. 사실 그들 가까이에는 거대한 보석이 여러 번 등장하지만, 샘과 데이브는 전혀 알아채지 못한 채 계속 지나쳐버린다.

그러다 땅이 무너지며 둘은 아래로 떨어지고, 익숙하면서도 조금은 다른 공간에 도착한다. 그리고 그 여정이 끝난 뒤, 샘과 데이브는 이렇게 말한다.

"정말 어마어마하게 멋졌어."

그리고 둘은 아무 일 없었다는 듯 초콜릿 우유와 과자를 먹으러 집 안으로 들어간다.

값진 배움을 찾는 몰입, 샘과 데이브의 작은 첫 삽

『샘과 데이브가 땅을 팠어요』는 군더더기 설명 없이 "월요일에 샘과 데이브는 땅을 팠어요."라는 문장과 삽을 든 두 아이의 모습으로 시작한다. 외부의 지시가 아닌 아이들 스스로의 선택이다. 무엇을 찾을지 아직 모르지만, '찾아보고 싶다'는 마음으로 스스로 출발선에 선 것이다. 기대와 설렘이 느껴진다.

학습도 마찬가지다. 새 학기, 월요일 아침, 시험공부의 시작. 그 출발이 "성적을 잘 받아야 해", "실수하면 안 돼"라는 부담이라면 배움은 불안해지고 긴장으로 채워진다. 그러나 "왜 그럴까?", "내가 한번 해보고 싶어"라는 호기심에서 시작된 배움은 활기를 품는다.

샘과 데이브는 보상도 칭찬도 기대하지 않는다. 그저 '어마어 마하게 멋진 걸 찾아야 한다'는 마음 하나로 삽을 들고 땅을 파기 시작한다. 위로, 아래로, 옆으로. 방향을 바꾸고, 각자 흩어졌다가 다시 만나고, 여러 번 실패하지만 멈추지 않는다. 땅 파기에 몰입한다.

몰입은 시간 가는 줄 모르고 일에 깊게 빠져드는 경험이다. 아이가 문제를 반복해서 풀거나, 실패해도 끝까지 원인을 찾아보려고 애쓰는 모습은 그런 몰입의 순간이다. 몰입은 성취에서 비롯되는 것이 아니라, 스스로 흥미를 느끼고 탐색할 때 자연스럽게 나타난다. 몰입이 더해지면 배움은 더욱 깊어진다.

샘과 데이브의 모습은 숙달목표지향성과 닮아 있다. "100점을 받아야지"가 아니라 "이 개념을 확실히 이해하고 싶어", "실수해도 끝까지 해볼래"라는 마음이 숙달 중심 학습의 시작이다. 과정에서 길을 잃기도 하고, 강아지가 보내는 신호를 놓치기도 한다. 그래도 그들은 계속 파고 나아간다. '정답 찾기'보다 '끝까지 해보고 싶은 마음'이 컸기 때문이다.

배움의 출발점은 언제든 열려 있다. 수업의 시작, 연필을 잡는 순간, 한 문제 앞에서 잠시 멈춰 고민하는 찰나에도 "지금부터 다시 시작할 수 있어"라는 가능성이 존재한다. 그 출발이 호기심과 흥미에서 시작될 때, 배움은 탐험이 된다.

샘과 데이브가 파내려간 땅은, 아이들이 스스로 파들어가고 있는 자기만의 세계를 상징한다. 그 안에 무엇이 숨어 있을지 아직 알 수 없지만, 스스로 파내려는 그 시도 자체가 이미 충분히 값진 배움의 시작이다. 배움은 언제, 어디서든 다시 시작될 수 있다.

아직 못 찾았을 뿐
: 탐색적 사고의 탄생

　이야기에서 인상적인 장면 중 하나는 샘과 데이브가 한 방향만 고집하지 않고, 중간에 방향을 바꾸는 부분이다. 처음에는 아래로만 파내려가다가 어느 순간 서로 다른 쪽으로 길을 틀고, 다시 만나 또 다른 시도를 이어간다. 익숙했던 방식을 내려놓고 새로운 전략을 시도한 용기와 유연함이 드러나는 장면이다.

　샘과 데이브는 실패할 때마다 주저앉지 않는다. 잠시 쉬고, 간식을 먹고, 잠깐 돌아보고, 다시 다른 길을 찾아간다. "아직 찾지 못했을 뿐, 다른 방법이 있을 거야"라는 믿음은 탐색적 사고의 출발점이며, 배움을 정답 찾기가 아닌 가능성으로 보는 태도다.

　그림 속에는 사실 커다란 보석들이 근처에 숨어 있지만 두 아이는 결국 발견하지 못한다. 이 아슬아슬한 실패의 반복은 우리가 일상에서 겪는 시행착오와 닮아 있다. 시험에서 한 문제 차이로 점수를 놓치기도 하고, 눈앞의 기회를 스치듯 지나치기도 한다. 그러나 중요한 것은 스스로 선택해 시작했고 끝까지 해보았다는 경험 그 자체다.

학습도 같다. 한 개념을 이해하지 못해 여러 번 좌절하던 아이가 방식을 바꾸고, 끝내 자기 언어로 설명해 낼 수 있을 때, 아이는 자기만의 공부법을 확보한 것이다. 시행착오를 겪으며 아이는 '실패한 아이'가 아니라 '스스로 해낼 수 있는 아이'로 성장한다.

그래서 진짜 보물은 결과가 아니라 그 과정 속에 숨어 있다. 몰입하고, 실패를 두려워하지 않고, 끝까지 도전해 본 경험들이 아이 안에 쌓여 미래의 성장 기반이 된다.

이야기의 마지막, 샘과 데이브는 보석을 못 찾고도 환하게 웃으며 말한다.

"정말 어마어마하게 멋졌어."

이 말은 보물을 못 찾은 것에 대한 자기 위로나 합리화가 아니다. 그 과정에서 얻어낸 의미와 기쁨이 진짜였음을 반영하는 대사다.

아이들도 그렇다. 실패하고, 돌아서고, 다시 도전하는 그 시간을 헛되게 만들지 않는 것은 결과가 아니라, 그 과정을 알아봐 주는 어른의 한마디다. 방향을 바꿔본 용기 그 자체를 인정해 주어야 한다.

"도전하는 네 모습이 정말 자랑스러워.", "끝까지 해보려는 네 마음이 참 대단하구나."

이런 말이 아이의 다음 도전을 이끄는 연료가 된다.

아이에게 "몇 점 맞았니?" 대신 "어떻게 해보았고, 무엇을 배웠니?"라고 묻는 것.

"정답 맞혔니?" 대신 "어떤 방법을 시도해 보았니?"라고 물어보는 것.

이 질문이 아이의 배움 방향을 바꾸는 시작이다.

배움의 결과가 보석으로 끝나지 않는 날도 있다. 그러나 과정을 인정해 주는 어른이 곁에 있다면, 그 과정 자체가 이미 커다란 보석이 된다. 부모가 먼저 그것을 알아봐 주는 태도야말로, 아이의 삶 속에서 보물을 발견하는 어른의 역할이다.

함께 파고, 함께 자라는
배움의 힘

　샘과 데이브는 땅을 파는 여정 내내 늘 서로 곁에 머문다. 한 방향으로 함께 나아가다가도 서로 어긋나기도 하고, 다시 만나 같은 목표를 향해 나아가기를 반복한다. 이들이 끝까지 도전을 이어갈 수 있었던 힘에는 내재동기 외에도 곁에 있는 존재가 전해주는 에너지가 있다.

　청소년기의 학습 환경은 대개 개인 성취·비교·경쟁 중심으로 설계되어 있다.

　"몇 점 받았어?", "누가 더 잘했니?", "상위 몇 퍼센트야?"

　이런 질문들은 아이를 혼자 벌이는 싸움 속에 세워두고, 실수를 숨기게 만들고, 마음속 궁금증을 표현하지 못하게 한다. 자연스럽게 도전보다 평가를 먼저 생각하게 된다.

반면 샘과 데이브는 서로에게 묻고, 방향을 바꾸고, 간식을 나누며 함께 한다. 실패와 좌절의 순간조차 같이 겪으며, 서로에게 힘을 건네고 지지를 주고받는다. 이들의 동행은 관계 속에서 배우고 성장하게 한다.

실제로 아이들도 혼자 감당하기 힘든 순간에 "괜찮아, 다시 해보자"라고 손 내밀어주는 친구가 있다면, 더 오래 버티고 다시 시도할 수 있는 용기와 끈기를 얻는다. 협력이란 일을 하면서 서로에게 힘을 주고, 응원을 받으며 함께 성장하는 경험에 가깝다. 샘과 데이브가 그랬듯, 함께 파고, 함께 실패하고, 함께 웃는 시간이 결국 더 큰 의미를 만든다.

그래서 이야기 마지막에 나오는 "정말 어마어마하게 멋졌어"라는 한마디가 더욱 깊게 다가온다. 이 말에는 함께한 시간의 가치가 담겨 있다. 성취는 종종 개인의 능력과 노력으로 평가되지만, 배움은 관계 속에서 일어난다. 혼자 잘하는 것보다, 함께 배우고 서로를 지지하며 쌓아가는 경험이 더 오래 남고 깊은 만족으로 이어진다.

경쟁은 잠깐 속도를 낼 수 있지만, 협력은 지치지 않고 끝까지 가는 힘이 된다.

그러니 아이에게 "OO보다 잘했니?"라고 묻기보다 "누구와 함께 배우고, 어떤 순간 서로 힘이 되어주었니?"라고 물어보는 것. 그 질문이 아이의 지속적인 성장과 도전을 지지하는 밑거름이 된다.

돌아온 뒤의 너희는
예전의 너희가 아니야

　샘과 데이브가 긴 여정을 마치고 집으로 돌아왔을 때, 겉보기에는 분명 같은 장소인데도 어딘가 낯설고 다르게 느껴진다. 사과나무는 배나무로, 고양이의 목줄 색깔은 달라져 있고, 집 지붕의 풍향계가 가리키는 방향도 다르다. 이런 작은 변화들은 두 아이가 여정을 통해 내면적으로 성장했음을 은유적으로 드러낸다.
　우리도 종종 이런 경험을 한다. 실상 현실은 그대로인데, 어떤 경험을 지나고 나면 세상이 다르게 보이는 순간이 있다. 내면이 달라진 것이다.
　작품의 면지 색 변화 역시 이 정서적 이동을 상징한다. 책의 시작은 붉은 사과의 색으로 펼쳐진다. 열정, 도전, 기대가 담긴 색이다. 마지막 면지는 연둣빛 배의 색으로 조용히 닫힌다. 탐험을 지나 얻은 충족감과 평온함이 담긴 색이다. 색의 변화는 결과보다 과정을 중시하는 이 이야기의 메시지를 시각적으로 강조한다.

샘과 데이브는 결국 보석을 발견하지 못했다. 그러나 그들은 함께한 시간, 몰입, 끊임없는 도전 속에서 이미 충분히 '어마어마하게 멋진' 여정을 완수했다. 집은 그대로일지 몰라도, 두 아이의 마음은 이전과 같지 않다. 지붕 위 풍향계는 삶의 방향이 달라졌음을, 배나무는 성장과 관계의 온기를, 고양이의 목줄 색은 섬세한 변화를 상징한다.

이 변화는 일상 속 학습자의 성장 과정과 닮아 있다. 같은 교실, 같은 책상, 같은 일상이 반복되어도 한 학기가 끝난 뒤 "나는 어떻게 달라졌지?"라고 되돌아보면 그 안에 배움이 깃들어 있다.

성장은 점수나 성취로만 드러나지 않는다. 질문이 깊어졌는지, 사고가 넓어졌는지, 몰입의 순간이 늘어났는지 같은 눈에 보이지 않는 변화가 모두 성장의 징후다.

그리고 이 여정을 조용히 곁에서 바라보는 존재가 있다. 바로 고양이다. 고양이는 모험에 직접 참여하지 않았지만, 언제나 아이들의 옆에서 묵묵히 지켜본다. 말은 없지만 가장 먼저 변화를 감지하고, 기다려주는 존재다.

이 고양이는 부모의 역할을 비유적으로 보여준다. 성급한 재촉이 아니라, 묻고 기다리고 지켜보는 태도. "왜 아직 못 했니?"

가 아니라 "어떤 생각을 해보았니?"라고 묻는 시선. 이것이 아이에게 큰 힘이 된다.

아이의 내적 성장은 성적표에서 먼저 보이지 않는다. 말투, 태도, 눈빛처럼 미세한 변화로 스며든다. 어른이 이 작은 변화를 놓치지 않고 성장의 징후로 읽어줄 때, 아이는 자신의 배움이 소중하다고 느끼게 된다.

샘과 데이브는 더 단단해진 마음으로, 새로운 시선으로 세상을 바라볼 것이다. 고양이는 그 곁을 묵묵히 지키며, 그 변화를 가장 먼저 알아차릴 것이다. 겉으로는 크게 달라진 게 없어 보여도, 바라보는 태도가 달라졌다면 이미 다음 여정은 시작된 셈이다.

'함께 읽고, 마음 열기'
그림책코칭 질문

1. 출발선에 선 마음

- 샘과 데이브는 왜 월요일 아침에 땅을 파기 시작했을까?
- 결과가 뚜렷하지 않아도 "해보고 싶다"는 마음으로 시작해 본 일은 무엇이었니?
- 그때 어떤 기분이었어?

2. 과정의 의미와 몰입

- 샘과 데이브는 보석을 찾지 못했지만 끝까지 파기를 멈추지 않았어. 왜 그랬을까?
- 너도 시간이 가는 줄 모르고 무언가에 몰입한 적이 있었니?

그때 어떤 기분이었어?
- 결과는 실패한 것처럼 보이지만, 과정에서 배웠던 경험은 무엇이니?

3. 실패와 새로운 시도

- 샘과 데이브 왜 방향을 계속 바꾸며 땅을 팠을까?
- 같은 방법으로 무언가 잘 해결이 잘 안될 때, 방법을 바꿔서 계속 시도해 봤던 일은 무엇이니?
- 실수나 실패 뒤에도 다시 시도하게 만든 힘은 무엇일까?

4. 협력의 힘

- 샘과 데이브는 왜 혼자가 아니라 함께 파기를 계속했을까?
- 네가 친구와 함께 도전해 본 경험 중, 혼자였다면 못했을 일은 무엇이니?
- 협력할 때와 혼자 할 때, 어떤 차이를 느꼈니?

5. 성장의 징후와 시선

- 집으로 돌아왔을 때, 사소하게 바뀐 풍경(배나무, 풍향계 등)은 무엇을 의미할까?

- 너도 똑같은 일상인데, 달라진 기분이나 시선으로 느껴진 순간이 있었니?
- 네 안의 작은 변화를 가장 잘 알아봐 주는 사람은 누구라고 생각하니?

PART.4

배움의 본질
: 아이의 내면에서 출발하는 성장

INTRO

공부는 왜 해야 할까

"공부 열심히 해. 다 너를 위해서야."
"지금 힘들어도, 네 미래를 위해 참아보자."

아이들은 이런 말을 수없이 듣는다. 어른들은 마음 깊은 곳에서 아이가 미래에 후회하지 않기를 바라며 하는 말이지만, 이 말이 아이의 마음에 와닿지 않으면 공부는 금방 의무와 경쟁, 부담으로 바뀐다.

우리는 자주 공부를 '정해진 시간 안에 끝내야 하는 일' 혹은 '미래를 위한 투자'로 설명한다. 물론 공부가 앞으로의 삶에 도움이 되는 것은 분명하다. 그러나 배움의 목적이 오직 성공과 보상에만 머물러 있으면, 배움이 줄 수 있는 의미와 즐거움은 쉽게 사라진다.

『지각대장 존』 속 존은 정해진 시간표와 기준에서 벗어나 자기 속도와 방식으로 배움을 이어간다. 그는 외부의 기준보다 자신의 감각과 경험을 따라가며, 배움 속에서 스스로 의미를 발견한다.

『난 무서운 늑대라구!』의 늑대는 처음엔 다른 사람들에게 인정받고 싶어서 공부를 시작하지만, 점차 책을 읽고 배우는 과정 속에서 자기 자신을 이해하게 되고, 관계를 회복하며 성장해간다. 배움이 어떻게 자기 이해와 삶의 변화로 연결되는지 보여주는 이야기다.

존은 '왜 늦었는지'보다 '그 시간 동안 무엇을 보고 느꼈는지'에 집중한다. 늑대는 '왜 배우고 싶은가'에서 '배움이 나를 어떻게 바꿨는가'를 생각한다.

이 두 이야기를 통해 배움의 의미와 가치에 대해 생각해 보고자 한다.

"배움이 나에게 어떤 의미를 남겼는가?"

"배운다는 것이 나에게 얼마나 중요할까?"

배움은 의무가 아닌 자기 선택이고, 포기하지 않는 것이 중요함을 스스로 깨닫도록 도와야 한다.

이제는 "공부해!"라고 다그치기보다 아이의 내면을 응시하는 질문이 필요하다. 배움이란, 어른이 끌고 가는 길이 아니라 아이가 자기 힘으로 걸어가는 길이다.

Chapter. 7

배움의 의미와
어른의 태도

그림책 깊이 읽기

존 버닝햄 글·그림 ｜ 지각대장 존 ｜ 비룡소 ｜ 2021

줄거리 요약

　존은 학교에 갈 때마다 기이한 사건을 겪으며 지각한다. 악어가 책가방을 물고 늘어지고, 사자가 바지를 물어뜯고, 큰 파도가 몰아쳐 지각한다. 존은 매번 선생님에게 그 상황을 설명하지만, 선생님은 믿어주지 않는다. 오히려 점점 더 큰 벌을 내린다. 300번 반성문 쓰기, 400번 큰 소리로 다짐하기, 500번 반성문 쓰기까지 반복된다.
　그러던 어느 날, 이번에는 선생님이 고릴라에게 붙잡혀 교실 천장에 매달려 있다. 그 모습을 본 존에게 선생님은 간절히 도움을 요청하지만, 존은 외면하고 지나친다.
　그리고 다음 날에도 학교에 가려고 길을 나선다.

성장을 품은 순환,
배움의 길

존은 매일 아침 학교에 가기 위해 집을 나선다. 이 장면은 이야기의 시작과 끝에 반복되어 등장한다. 배움이 하루의 사건으로 끝나지 않고 계속 이어지는 여정임을 상징하는 장면이다.

우리는 배우기 위해 학교로 향한다. 그래서 존이 걷는 길은 표면적으로는 통학로이지만, 심층적으로는 삶과 연결된 '배움의 길'을 뜻한다. 그 길에서 예상치 못한 장애물을 만나기도 하고, 늦기도 하고, 좌절하기도 한다. 하지만 그 과정에서 자신만의 방식으로 부딪히고 다시 일어서며 성장한다. 그렇게 존은 조금씩 단단해진다.

이야기 초반, 존이 집을 나서는 장면 속 존의 표정에는 긴장이 서려 있다. 발걸음이 향하는 길은 낯설고 멀어 보인다. 저 멀리

떠오른 태양은 아직 세상이 깨어나지 않은 새벽의 불확실함을 보여준다.

그리고 이야기의 마지막, 존은 다시 길을 나선다. 마지막 장면의 글 텍스트는 첫 장면의 '집을 나선다'가 아닌 '길을 나선다'라고 되어 있다. 존은 여전히 작아 보이지만, 더 단단해진 마음으로 또 다른 하루를 향해 걸음을 내딛는다. 떠오른 태양은 훨씬 더 크게, 가까이에서 존을 비추고 있다. 이전과 같은 길이지만, 그 길을 대하는 존의 시선은 이미 달라져 있다. 그것이 성장이다.

배움을 통한 아이의 성장은 단순 반복이 아니다. 매일 같은 길을 걷는 것 같아도, 그 속에서 새로운 경험과 배움이 쌓여 내면은 조금씩 단단해진다. 부모는 그 변화를 함께 기뻐하고, 때로는 곁에서 손을 잡아주며, 때로는 한 걸음 물러서 아이가 스스로 배우고 성장하도록 존중해야 한다.

이야기의 끝은 끝이 아니다. 처음과 비슷하지만 달라진 장면으로 그려낸다. 더 넓은 세계로 나아가는 또 다른 시작이다. 존은 어제보다 많은 것을 알고, 더 깊이 느끼며, 더 멀리 걸어갈 준비가 되어 있다.

배움의 길은 오늘도 계속된다.

배움의 길에서 만난 장애물

존은 학교에 가는 길은 결코 평탄하지 않다. 책가방을 멘 그의 앞에는 예고 없이 등장하는 장애물들이 기다리고 있다. 이 장애물들은 우연히 발생한 사건이 아니라, 배움의 길 위에서 아이들이 실제로 마주하게 되는 크고 작은 시련을 상징한다.

처음에는 하수구에서 악어가 튀어나와 존의 책가방을 물고 늘어진다. 이 책가방은 배움을 향한 의지, 책임, 그리고 아이의 마음이 담긴 상징이다. 악어는 마치 "학교에 가지 말라"고 유혹하는 것처럼 배움을 가로막는다. 그러나 존은 포기하지 않는다. 소중한 책가방을 지키기 위해 장갑을 벗어 던지고 기지를 발휘해 빠져나온다.

이번에는 사자가 나타나 존을 직접 공격한다. 바지를 물고 늘

어지는 사자 앞에서 존은 책가방을 끌어안고 나무 위로 올라가 자신을 보호한다. 즉각적인 해결보다 안전한 거리를 확보하고, 사자가 떠날 때까지 묵묵히 기다린다. 때로는 멈추고 숨을 고르며, 시간을 견디는 것 또한 성장의 과정임을 보여주는 장면이다.

그리고 거대한 파도가 밀려온다. 이번에는 자연 그 자체가 존을 덮치려 한다. 그는 난간을 붙잡고 끝까지 버틴다. 두려움과 고단함이 얼굴에 스치지만, 포기하지 않겠다는 단단한 의지가 함께 담겨 있다.

이처럼 장애물은 갑자기 나타나고, 날이 갈수록 점점 더 강해진다. 실제로 아이들은 학업 스트레스, 집중력 저하, 또래와의 갈등, 건강 문제, 실패에 대한 두려움 등 다양한 장애물을 마주하며 배움의 길을 걷는다. 악어, 사자, 파도처럼 예상치 못한 순간에 찾아오기도 한다.

하지만 존은 불평하지 않는다. 매번 다른 방식으로 시련을 이겨낸다. 어떤 장애물도 배움의 의지를 꺾지 못한다. 필요하다면 가진 것을 내려놓고, 때로는 오래 견디며, 끝까지 버틴다. 아이답지만 충분히 단단하고 지혜롭다.

누군가는 존을 '지각대장'이라 부를지 모르지만, 실제로 존은 누구보다 성실하게 배우고 있는 중이다. 존의 여정은 단지 정해진 시간에 늦는 이야기가 아니다. 그것은 배움을 향한 진심, 시련을 마주하는 태도, 그리고 자기 삶을 하나씩 책임져가는 아이의 성장 이야기다.

배움을 자랑스럽게 드러내다

 존이 거센 파도를 이겨낸 끝에 학교에 도착했을 때 가장 먼저 눈에 띄는 변화가 있다. 바로 책가방의 위치다. 이전까지 존은 책가방을 몸 안쪽으로 꼭 끌어안듯 메고 있었다. 마치 자신의 배움을 감추고, 외부의 시선으로부터 보호하려는 모습처럼 보였다. 그런데 이 장면에서는 책가방을 몸 바깥쪽으로 메고, 선생님 앞에 당당하게 서 있다. 책가방을 독자에게 드러낸다.

 이 장면이 중요한 상징을 품고 있기에 표지 그림에도 사용된다. 책가방을 보여준다는 것은 자신의 배움을 자랑스럽게 여기고 있다는 표현이다.

 인본주의 관점에서 보면, 이 장면은 매슬로우가 말한 '자기실현'의 단계와 연결된다. 기본 욕구를 지나 자기 가능성을 실현하려는 움직임이 드러난다. 존은 악어, 사자, 파도 같은 상징적 위협을 하나씩 넘어가며 점차 자신이 누구인지, 무엇을 하고 있는지 스스로 확인했다. 그렇게 과정 속에서 배움을 경험한 뒤, 이제는 그 배움을 통한 성장을 감추지 않고 당당하게 드러낼 수 있는 존재가 된 것이다.

아이들이 매일 아침 메고 나서는 가방 안에는 교과서와 준비물만 담겨 있는 것이 아니다. 두려움, 기대, 책임도 함께 들어 있다. 처음에는 그 무게가 버겁고 부담스러울 수 있다. 그러나 각자의 방식으로 시련을 이겨내는 과정 속에서, 아이는 '자기다운 배움'의 의미를 조금씩 이해하게 된다. 그리고 어느 순간, 그것을 감추지 않고 드러낼 수 있는 마음의 힘을 갖게 된다.

학생은 배움을 자기 삶의 중심으로 삼아가는 존재다. 배움을 통한 성장은 통제나 비교를 통해 이루어지지 않는다. 경험을 스스로 해석하고 의미를 만들며, 그것을 삶에서 표현할 수 있을 때 이루어진다.

어른의 눈에 아이의 배움은 때로 늦어지는 것처럼 보이기도 하고, 돌아가는 것처럼 보일 때도 있다. 그러나 아이가 자신의 속도로 걸어가고 있다면, 그 자체가 이미 성장의 과정이다.

가르침의 자리에서 멈춰버린
어른의 그림자

    존은 세 번의 지각과 함께 세 번의 상황 설명을 한다. 그러나 선생님의 반응은 점점 더 격해지고, 벌도 더 무거워진다. 처음에는 방과 후 300번 반성문, 다음에는 400번 다짐, 마지막에는 회초리까지 언급하며 500번 반성문을 지시한다.

    그림을 자세히 들여다보면, 선생님은 장면마다 더 높이 뛰어오른다. 아이를 높은 곳에서 내려다보며 더 크게 외쳐야 말이 통할 것이라고 믿는 것처럼 보인다. 표면적으로는 핑계라고 믿으며 아이 앞에서 화난 교사를 표현하지만, 그 안에는 경청 없는 교육, 수직적 권위, 존중의 부재가 자리하고 있다.

    선생님은 왜 존의 이야기를 경청하지 않을까? 아이를 '이유가 있는 사람'이 아니라 '지시를 따라야 하는 대상'으로 보았기 때문이다. 듣지 않으면 판단은 빨라지고, 판단은 일방적 결정을 낳는다. 그 과정에서 아이의 진심은 닿지 못하고, 갈등은 더 깊어진다.

만약 선생님이 단 한 번이라도 물이 뚝뚝 떨어지는 존의 젖은 옷자락에 눈길을 주었다면 상황은 완전히 달라졌을지도 모른다. 왜 늦었는지보다, 그 늦음 속에서 아이가 무엇을 겪었는지 들으려는 태도가 필요했다. 그랬다면 존은 '지각대장'이 아니라 '배우고 있는 아이'로 기억되었을 것이다.

잘 듣는다는 것은 존재를 인정하고 관계를 여는 첫걸음이다. 어른에게 필요한 것은 큰 목소리가 아니라, 작고 진심 어린 목소리에 귀 기울이는 마음이다.

이 위계적 태도는 이야기 후반, 선생님이 고릴라에게 붙들려 천장에 매달린 장면에서 상징적으로 드러난다. 선생님은 그 안에 갇혀 스스로 빠져나오지 못한 채, 변화와 성장을 멈춘 존재로 그려진다. 선생님은 고릴라에게 붙들린 채, 단 한 걸음도 나아가지 못한다. 왜 그는 존처럼 장애물을 극복하지 못했을까?

존은 매번 고군분투하며 스스로 해답을 찾아가며 나아갔다. 포기하지 않았고, 때로는 기다리며, 때로는 온몸으로 부딪치며 배움의 길을 걸었다. 하지만 선생님은 늘 자신이 옳다는 전제에서 출발했고, 존의 말을 처음부터 거짓이라 단정했다. 질문 없이 판단했고, 판단 위에 내린 벌은 점점 더 강해졌다. 듣지 않았고, 이해하려 하지 않았고, 변화하지 않았다.

그렇기에 그가 마주한 고릴라는 외부의 위협이 아니라, 자신이 만든 괴물에 스스로 사로잡힌 셈이다. 고릴라는 지식에 대한 오만, 경청하지 않는 태도, 성장을 멈춘 교육관이 만들어낸 괴물이다. 그는 이미 '배움을 마친 사람'이라고 스스로 믿었고, 그의 옷차림과 학사모가 이를 상징한다. 그렇기에 사고가 굳어 있었고, 유연하게 변화하지 못했다.

'나는 더 이상 배울 필요가 없는 사람'이라고 믿는 순간, 사고는 멈추고 권위만 남는다. 그 순간 배움은 끝난다. 변화가 필요한 존재는 아이만이 아니다. 때로는 아이보다 더 갇혀 있는 쪽은 어른일 수 있다. 관계 안에서 먼저 바뀌어야 하는 쪽이 어른일 때도 많다.

존은 계속 배우고 앞으로 나아가고 있다. 그렇다면 어른인 나는 지금 어디쯤 서 있는가.

아이를 이끌고 싶다면, 먼저 나부터 돌아봐야 한다.

무너진 권위,
되돌아온 교육

고릴라에게 붙잡혀 있는 선생님의 그림을 자세히 보면, 손에서 회초리가 떨어진다. 이 회초리는 오랫동안 '교육'이라는 이름 아래 정당화되어 온 통제와 처벌의 상징이다. '벌이 있어야 가르쳐진다'는 믿음을 손에 쥐고 있던 낡은 교육 관행이 회초리에 담겨 있다.

회초리는 왜 떨어졌을까? 그림을 자세히 보면, 회초리를 선생님이 떨어트린 것이 아니라 자연스럽게 회초리가 손에서 미끄러져 떨어진 듯 보인다. 선생님의 손은 여전히 움켜쥔 모양을 하고 있기 때문이다. 마치 회초리를 들 자격이 없는 사람에게서 스스로 벗어나 온전한 자리로 돌아가는 것처럼 보인다.

이 장면은 성찰 없는 권위, 듣지 않는 교육, 닫힌 관계가 더 이상 설 자리가 없다는 의미이다. 아이의 이야기를 들으려 하지 않고, 변화를 거부한 채 자기 확신에 갇혀 있던 어른의 권위가 자연스럽게 무너진 순간이다. 진정한 교육은 통제가 아니라, 아이의 말에 귀 기울이고 함께 성장하는 과정이다. 회초리가 손에서 빠져나간 그 순간은 관계의 실패이자, 교육의 본질을 놓친 결과다.

이제 선생님은 존에게 도움을 청하지만, 존은 그대로 지나치며 외면한다. 모든 상황을 보고도 아무것도 하지 않는다. 이 장면은 통쾌한 복수처럼 보일지 모른다. 그동안 선생님은 존의 말을 단 한 번도 믿어주지 않았고 벌까지 주었으니 말이다.

그럼, 이 장면을 두고 그래도 어려움에 처한 사람을 보고 도와줘야 한다는 윤리적 잣대를 내세워야 할까?

이 장면은 존이 배운 방식 그대로 되돌려주고 있는 것을 상징한다. 존은 선생님과의 반복되는 경험 속에서 곤란한 상황을 말해도 믿어주지 않는 태도, 힘든 감정을 표현해도 외면하는 시선, 존재를 존중하지 않는 언어들을 배워왔다. 그리고 지금, 배운 그대로 행동하고 있을 뿐이다.

아이들은 어른의 말보다 어른의 태도에서 더 많은 것을 배운다. 표정, 반응, 눈빛, 듣는 방식, 대하는 태도. 이 장면은 그 교육의 진실을 날카롭게 드러낸다. 떨어진 회초리는 권위의 끝을 상징하고, 그 앞을 지나치는 존의 걸음은 어른이 아이에게 어떤 세계를 보여주었는지를 그대로 비추는 거울이 된다.
　결국 질문은 아이가 아니라 어른에게 돌아온다.

　나는 아이에게 어떤 세계를 보여주고 있는가.

'함께 읽고, 마음 열기'
그림책코칭 질문

1. 순환하는 배움의 길

- 우리가 학교에 가는 목적 중에 가장 중요한 것은 무엇일까?
- 그럼 '학교 가는 길'을 다른 말로 표현하면 '무슨 길'이라고 표현할 수 있을까?
- 존이 매일 학교 가는 길을 걷는 장면은 왜 반복될까?
- 첫 장면과 마지막 장면에서 학교 가는 길과 존의 모습을 자세히 살펴보자. 무엇이 달라졌지?
- 마지막 장면이 첫 장면처럼 길을 나서는 장면으로 끝나는 이유는 무엇일까?

2. 장애물과 대처

- 학교 가는 길을 방해한 악어·사자·파도는 어떻게 변화하고 있지?
- 존은 상황마다 어떻게 극복했지?
- 극복 방법의 변화된 특징은 무엇일까?
- '커다란 파도'를 극복할 때 존은 어떤 생각을 하면서 오랜 시간을 버텨냈을까?
- 장애물은 왜 나타났을까?
- 너는 최근에 공부할 때 어떤 장애물을 만났었니? 그때 어떤 선택을 했니?
- 존과 선생님의 장애물은 어떤 점이 다를까?
- 왜 선생님의 장애물은 처음부터 선생님을 붙잡고 있었을까?
- 선생님은 왜 존처럼 장애물을 극복하지 못했을까?

3. 배움을 드러내는 용기

- 존이 세 번째 장애물을 극복하고 난 후 선생님 앞에 서 있는 존(표지 그림)을 자세히 보자. 앞의 장면들과 무엇이 바뀌었지? 바뀐 이유는 무엇일까?
- 너도 네 배움(노력/변화)을 당당히 드러낸 경험이 있니? 그때 기분은 어땠니?
- 오늘 네가 스스로 자랑하고 싶은 '작은 성장'은 무엇이니?

4. 듣지 않는 교육의 한계

- 선생님은 왜 존의 이야기를 끝까지 듣지 않았을까?
- 선생님의 큰 소리를 듣고 벌을 받을 때 존의 마음은 어땠을까?
- 네 경험에서, 누군가가 네 이야기를 '정말 들어줬다'고 느꼈던 순간은 언제였니?

5. 무너진 권위, 되돌아온 교육

- 회초리는 왜 떨어졌을까?
- 존은 왜 선생님의 도움을 외면하고 그냥 지나쳤을까?
- 아이들은 어른의 말보다 무엇으로 더 많이 배운다고 느끼니? (표정/태도/반응 등)

Chapter.8

배움의 가치

그림책 깊이 읽기

베키 블룸 글, 파스칼 비에 그림 | 난 무서운 늑대라구! | 고슴도치 | 1999

줄거리 요약

　배가 고픈 늑대는 농장에 가서 동물들을 위협한다. 그런데 책을 읽고 있던 동물들은 교양 없는 늑대라며 오히려 무시하고 쫓아낸다. 이후 늑대는 무시당하지 않기 위해 글을 배우러 학교에 가고, 도서관에서 책을 읽기 시작한다. 하지만 다시 농장에 찾아갔을 때도 동물들은 늑대를 인정하지 않는다. 늑대는 포기하지 않고 스스로 책을 사고 점점 독서에 몰입한다.
　늑대는 결국 동물들에게 책을 읽어주는 존재가 된다. 어느새 농장 동물들은 늑대를 인정하고, 함께 어울려 시간을 보낸다. 늑대는 예전처럼 무섭고 위협적인 존재가 아니라, 교양 있고 따뜻한 친구로 공동체에 받아들여진다. 그의 변화는 주변에도 긍정적인 영향을 주고, 마을의 분위기까지 조금씩 바꿔 놓는다.

교양이 만든
내면의 힘

　조용한 농장. 동물들은 햇살 아래 나란히 앉아 책을 읽고 있다. 이 평화로운 풍경 속으로 배고픈 늑대가 갑자기 나타나 위협적으로 소리친다. 대부분의 동물들은 놀라 도망치지만, 책을 읽고 있던 동물들은 요동하지 않는다. 오히려 돼지는 늑대를 향해 단호하게 말한다.

　"우리는 교양 있는 동물들이야. 책 읽는데 방해하지 말고 그만 가 줘."

　이 장면은 유머나 반전을 넘어선다. 동물들은 왜 늑대를 두려워하지 않았을까? 힘이 세서도, 무모해서도 아니다. 끊임없이 읽고 사유하며 쌓아 온 내면의 힘이 그들을 흔들리지 않게 만든 것이다. 늑대의 거친 소란도 그들의 중심을 무너지게 하지 못한다.

이야기에서 '교양'은 책을 많이 읽는 것을 의미하지 않는다. 자기 삶을 깊이 바라보고, 타인을 존중하며, 어떤 상황에서도 중심을 잃지 않는 태도에 가깝다. 늑대는 울타리를 넘고 소리치며 다가오지만, 동물들은 조용히 자기 할 일을 이어간다. 자신들의 중심을 지키며 조용히 경계를 그었다. 결국 늑대는 그 공동체에 받아들여지지 못한 채 돌아선다.

그러나 그 결과 늑대 안에서는 더 중요한 변화가 일어난다. 늑대는 그 경계 앞에서 자신의 결핍을 처음으로 바라보게 되었다. 그는 처음으로 글을 배우기로 결심한다. 인정받고 싶고 함께하고 싶다는 자신의 마음을 자각하게 된다. 늑대는 도서관에서 책을 빌리고, 남은 돈으로 책을 사서 밤낮으로 한 줄 한 줄 읽는다. 처음에는 무시당하지 않기 위해 책을 펼쳤지만, 반복되는 독서와 성찰을 통해 늑대는 점점 자기 자신을 이해하고, 타인을 대하는 태도를 바꾸어 간다.

늑대가 얻은 배움은 누군가에게 잘 보이기 위한 수단이 아니었다. 자기 삶을 더 깊이 살아내기 위한 변화의 과정이었다. 책은 그에게 정보보다 성찰을, 성취보다 변화의 가능성을 전해주었다. 결국 늑대는 온유하고 따뜻한 친구로 공동체에 받아들여진다.

읽는 양이 아니라 읽는 마음과 태도가 늑대를 바꾼 것이다. 교양은 함께 살아가는 힘이다. 책을 읽는다는 것은 지식을 채우는 일이 아니라, 다양한 삶을 만나고, 타인의 감정을 이해하고,

자기 삶의 방향을 스스로 결정할 수 있는 내면의 힘을 기르는 일이다. 교양은 겉으로 잘 드러나지 않지만, 삶을 대하는 방식을 바꾸는 힘이 있다.

동물들이 늑대를 두려워하지 않았던 진짜 이유는 힘의 차이가 아니라, 태도의 차이였다. 중심이 있는 자와 없는 자의 차이였다. 많은 아이들이 세상에 부딪히며 타인의 말 한마디에 흔들릴 때가 많다. 그러나 배움으로 자신의 생각과 가치관에 중심이 있는 아이는 흔들리지 않는다.

공부는 성적 중심이 아닌 '삶을 살아갈 힘'을 기르는 과정이어야 한다. 아이의 중심을 단단하게 세워주는 힘, 그것이 배움을 통해 자라는 교양이다. 그리고 그 교양은 아이가 흔들릴 때 스스로를 붙잡아줄 든든한 버팀목이 되어줄 것이다.

경계에서 문으로
: 관계를 바꾸는 배움의 힘

　처음 늑대는 조급하고 거칠게 등장한다. 말도 없이 울타리를 넘어 공동체 안으로 들어오고, 위협적인 태도로 다가간다. 이 모습은 관계와 감정의 경계를 인식하지 못하는 미성숙함의 상징이다. 울타리는 사람과 사람 사이의 심리적 거리이며, 서로를 이해하기 전까지 필요한 안전한 경계다. 그러나 늑대는 이 경계를 무시한 채 자신의 욕구만을 앞세운다.

　하지만 시간이 흐르면서 늑대에게 변화가 일어난다. 책을 읽고 생각이 깊어지면서, 삶을 대하는 태도에도 새로운 방향이 생긴다. 다시 농장을 찾을 때, 그는 더 이상 울타리를 넘지 않는다. 문을 두드리고, 그다음에는 종을 울려 자신의 방문을 알린다. '문'은 관계와 소통, 존중과 허락의 상징이다. 늑대는 이제 공동체의 경계 앞에서 기다릴 줄 아는 존재가 된다. 겉모습 또한 빨간 안경, 단정한 조끼와 모자로 바뀌며, 조심스럽고 정중한 태도가 드러난다. 이것은 배움을 통해 관계를 대하는 방식이 바뀌었음을 보여준다.

이 변화는 기대가치이론에서 말하는 '유용성 가치'와도 연결된다. 학습자가 배움이 실제 자신의 삶과 목표에 도움이 된다고 느낄 때, 더 깊은 학습동기가 생긴다는 개념이다. 늑대는 처음에는 무시당하지 않기 위해 책을 들었지만, 읽고 이해하는 과정을 통해 배움이 자신의 삶에 실질적으로 도움이 된다는 것을 체감한다. 책은 타인과 관계를 만들고, 공동체 안에서 자신의 자리를 만드는 연결고리가 된다.

많은 아이들도 비슷한 과정을 겪는다. 처음에는 성적이나 외적 인정 때문에 공부를 시작하지만, 어느 순간 "이 배움이 실제로 나에게 도움이 된다"는 경험을 하게 될 때 배움의 방향이 바뀐다. 책에서 자신을 발견하고, 친구와 대화를 나누기 위해 책을 펼치고, 세상을 보는 눈을 넓히고 싶어서 질문을 품는 순간이 바로 그런 전환점이다.

이 이야기에서 변화는 늑대 한 존재에서 끝나지 않는다. 앞면지의 그림에서 마을 사람들은 낯선 늑대를 창문 너머로 경계한다. 마을 사람들의 모습에는 두려움과 편견, 그리고 무관심이 겹쳐 있다. 그러나 마지막 장면과 뒷면지에서 마을의 분위기는 완전히 달라진다. 늑대와 동물들이 풀밭에서 평화롭게 책을 읽고,

마을 사람들의 표정이 바뀌고 늑대 주변에는 아이들이 옹기종기 모여있다. 풀밭은 모두에게 열려 있는 공존의 자리다. 한때 소외되고 경계받던 늑대는 더 이상 외롭지 않고, 무섭지도 않다. 닫혀 있던 공동체가 마침내 문을 열고, 함께하는 공간으로 변한 것이다.

이 장면은 배움이 한 존재를 변화시키고, 그 변화가 관계를 회복시키며, 더 나아가 함께 살아가는 삶으로 확장되는 여정을 상징적으로 보여준다. 늑대는 이제 겁을 주는 존재가 아니다. 자신이 읽은 이야기를 조심스럽게 아이들에게 들려주는, 따뜻한 어른으로 성장했다. 늑대의 배움은 관계를 회복하고 공동체를 변화시켰다. 진정한 배움은 혼자 잘하게 되는 것이 아니라, 함께 살아갈 줄 아는 존재로 성장하는 것이다. 그래서 이 이야기는 배움이 개인을 넘어서 관계와 공동체를 바꾸는 힘이 있음을 보여준다.

늑대가 처음 책을 들었던 이유가 무엇이든, 결국 그는 배움을 통해 자신을 이해하고, 타인을 존중하며, 함께 살아갈 길을 찾아냈다. 그리고 그 변화는 공동체의 문까지 열었다. 경쟁이 아니라 공존. 이것이 배움이 이끄는 방향이다.

배움은 시험을 위한 도구가 아니라, 삶을 변화시키는 힘이다. 그리고 그 변화는 아주 작은 순간에서 시작된다.

"나도 책을 한번 읽어볼까?"

바로 그 마음에서, 배움은 시작된다.

'함께 읽고, 마음 열기'
그림책코칭 질문

1. 교양이 만든 내면의 힘

- 동물들은 왜 늑대의 위협을 두려워하지 않았을까?
- 너도 누군가의 위협적인 태도에 쉽게 흔들리지 않았던 경험이 있니?
- 동물들이 말한 '교양'이란 무엇이라고 생각하니?

2. 배움이 바꾸는 태도

- 늑대는 왜 책을 읽기 시작했을까?
- 울타리를 넘던 늑대는 왜 문을 두드리고 종을 울렸을까?
- 책을 읽은 후 늑대의 모습에서 변화된 점은 어떤 것들이 있을까?

3. 배움의 유용성과 관계 변화

- 늑대가 나중에 동물들과 함께할 수 있게 된 이유는 무엇일까?
- 너도 배움 덕분에 친구 관계가 달라지거나 더 가까워진 경험이 있었니?
- "이 배움이 내 삶에 도움이 된다"는 느낌을 받은 순간은 언제였니?

4. 함께 살아가는 힘

- 늑대와 동물들이 나란히 책을 읽는 모습과 아이들에게 책을 읽어주는 모습에서 작가가 말하고 싶은 것은 무엇일까?
- '함께 배운다'는 건 어떤 의미일까?
- 배움이 자신뿐만 아니라 다른 사람, 그리고 공동체까지 변화시킨 사례는 무엇이 있을까?

PART.5

긍정성이
아이를 성장시킨다

INTRO

정서를 조절하는 아이가 공부도 이어간다

"그 정도 일로 속상해?"
"지금은 공부가 더 중요하지 않니?"
"괜찮아, 금방 잊게 될 거야."

어른들은 아이를 위로하고자 이런 말을 건네지만, 때로는 아이의 마음을 제대로 읽지 못한 채 감정을 억누르게 만들고, 진심 어린 배움으로부터 멀어지게 하기도 한다.

실제로 부모가 아이의 공부에서 가장 당황하는 순간은 실력이 부족한 걸 확인했을 때보다, 감정에 휘둘려 쉽게 주저앉는 모습을 마주할 때다. 기대한 결과가 나오지 않거나 친구 관계에서 상처받았을 때, 아이는 책상 앞이 아니라 마음속 파도 앞에서 먼저 흔들린다.

정서조절은 울음을 참거나 화를 억누르는 일이 아니다. 자신이 느끼는 감정을 알아차리고, 표현하고 이해하며 다룰 수 있는 힘이다.

그림책 『릴리의 멋진 날』과 『행복을 나르는 버스』는 아이가 감정을 마주하고 조절하며 긍정적으로 변화하는 과정을 섬세하게 보여준다.

『릴리의 멋진 날』 속 릴리는 실망을 억누르거나 폭발시키지 않는다. 있는 그대로 감정을 느끼고 표현하며, 다시 자신이 해야 할 일을 향해 나아간다. 실망을 넘는 회복력과 타인의 마음을 헤아리는 공감력은 시험공부에서 얻는 것이 아니라, 일상 속 감정 경험을 잘 마주할 때 자란다.

『행복을 나르는 버스』의 시제이는 처음엔 불만과 비교로 마음이 어지럽지만, 할머니의 반응은 그 감정을 꾸짖지 않고 포용한다. 안전하게 감정을 표현할 수 있는 관계 속에서 시제이는 세상을 다른 시선으로 바라보게 된다. 긍정성은 자기조절의 바탕이 되고, 학습 의욕을 다시 살리는 밑거름이 된다. 변화는 외부 조건이 아니라 내면의 생각이 바뀌는 데서 시작된다.

아이들은 매일 기대와 실망, 좌절과 회복, 불만과 만족 사이에서 감정의 파도를 건너며 살아간다. 이때 정서를 조절하는 힘은 자신의 삶과 공부를 스스로 이끌어가는 내면의 리더십으로 연결된다.

두 이야기를 통해 우리는 정서조절이 어떻게 자기주도성을 키우고 아이의 성장을 이끄는지 함께 살펴보고자 한다. 다시 시작하는 학습은 감정의 막힘을 풀고, 내면의 힘을 끌어낼 때 가능하다. 그리고 그 힘은 아이의 감정을 알아차리고 따뜻하게 받아주는 어른의 시선 속에서 자란다.

Chapter.9

정서조절의 시작, 감정코칭

그림책 깊이 읽기

케빈 헹크스 글·그림 | 릴리의 멋진 날 | 비룡소 | 2008

줄거리 요약

　릴리는 슬링어 선생님의 결혼식에서 꽃을 들고 입장하는 아이가 되기를 간절히 바란다. 하지만 그 역할은 이미 선생님의 조카인 진저에게 맡겨져 있고, 릴리는 대신 도우미 역할을 제안받는다. 실망스러운 상황이지만 릴리는 작은 가능성을 마음에 품고 연습을 이어가며 결혼식을 기다린다.
　결혼식 당일, 꽃을 들고 걸어 나가야 할 진저는 긴장으로 그 자리에서 꼼짝하지 못한다.
　그 순간 릴리는 앞으로 다가가 진저를 조심스레 안아 들고 함께 걸음을 옮긴다. 결국 릴리는 자신이 꿈꾸던 '꽃 드는 아이'의 역할까지 자연스럽게 해내며, 진저와 함께 결혼식의 아름다운 순간을 완성한다.

기대에서 실망으로, 그리고 성숙으로

『릴리의 멋진 날』은 아이가 일상 속에서 마주하는 '기대'와 '실망'의 감정을 섬세하게 그린다. 릴리는 감정을 인식하고 조절하는 과정에서 자신과 타인을 이해하고 공감하며 한층 성장한다. 이러한 경험은 앞으로 다가올 더 큰 도전에 맞설 수 있는 자기조절력의 밑거름이 된다.

이야기는 릴리가 슬링어 선생님의 결혼식에서 '꽃을 들고 입장하는 아이'가 되기를 간절히 바라며 시작된다. 집에 돌아오자마자 그 장면을 상상하며 연습에 몰두하고, "내 생애 최고의 날이 될 거야!"라며 기대에 들뜬다.

그러나 곧 실망이 찾아온다. 화동은 이미 선생님의 조카 진저로 정해져 있었기 때문이다. 릴리는 아쉬움과 상실감을 느낀다.

하지만 그 감정을 억누르거나 남에게 분출하지 않는다. 선생님 주변에 꽃을 들고 다니거나, 자신을 화동으로 그린 그림을 교실에 걸어두거나, 곰 인형을 통해 감정을 표현하는 등 자신에게 안전한 방식으로 마음을 자연스럽게 드러낸다.

결혼식 당일, 릴리는 화동의 도우미로 참석한다. 그런데 진저는 긴장한 나머지 그 자리에서 움직이지 못한다. 릴리는 진저의 불안과 당황스러움을 이해하고 주저 없이 다가가 진저를 안고 함께 걸어간다. 결혼식 후에는 "결혼식마다 내가 네 옆에 있을 수는 없어"라고 말하며, 진저가 앞으로 스스로 걸어갈 수 있도록 방법을 알려준다. 릴리는 기대가 깨지는 경험 속에서도 자신의 감정을 인정하고 타인에게 공감하며 자신을 성장시킨다.

결국 릴리는 자신이 바라던 역할을 해내지만, 진짜 성취는 감정을 수용하고 관계 안에서 의미를 만들어낸 데 있다. 릴리는 "오늘이 내 생애 최고의 날이 될 줄 알았다니까!"라고 말한다. 원하는 역할을 했기 때문이 아니라 실망을 넘어 타인과 연결되고, 의미 있는 경험을 만들어냈기 때문이다.

학습을 좌우하는
감정조절의 힘

『릴리의 멋진 날』은 겉으로 보기에 유·아동기의 소망과 성취를 다룬 이야기 같지만, 그 안에 담긴 감정의 흐름은 청소년기의 정서 경험과도 깊이 닮아 있다. 릴리는 감정을 외면하거나 억누르지 않고, 자신만의 방식으로 자연스럽게 흘려보내며 정서조절의 바탕을 보여준다.

정서조절은 감정이 생기기 전의 예방적 전략과, 감정이 나타난 이후의 수용과 표현 전략으로 나눌 수 있다. 릴리는 기대가 높아졌다가 갑작스러운 상황을 맞으며 감정의 기복을 겪는다. 그러나 감정을 억제하거나 타인에게 분출하지 않고, 자신에게 안전한 방식으로 감정을 드러내고 정리한다. 감정을 인정하고 다루는 힘이 바로 자신과 타인을 이해하는 정서적 성숙의 출발점이다.

특히 결혼식 장면에서 진저를 도와 함께 앞으로 나아가는 장면은 정서조절을 넘어 공감이 실천으로 이어지는 정서지능의 발달을 잘 보여준다. 릴리는 원하는 역할을 하지 못해 실망했지만, 그 감정에 머무르지 않고 자신이 가진 힘을 타인을 위해 활용한다.

여기서 중요한 것은 '꽃을 들고 걷는 역할'을 수행했다는 결과가 아니라, 실망을 넘어서 타인과 연결된 경험이 주는 깊은 만족감이다. 정서조절 능력이 높은 아이는 실패나 실망 뒤에도 스스로를 정리하고 다음을 준비하며, 학습과 관계에서도 더 유연하게 몰입할 수 있는 힘을 갖게 된다.

학습은 매 순간 감정과 함께 움직인다. 기대와 좌절, 성취와 불안, 비교와 자신감이 얽혀 아이를 흔들기도 하고 집중하게 만들기도 한다. 시험 결과가 기대에 못 미치거나 공모전에서 탈락할 때, 아이는 강한 감정의 파도를 마주한다.

이때 어떤 아이는 감정에 휩쓸려 자책하거나 학습을 멈추고, 또 어떤 아이는 감정을 외면하며 무기력해진다. 반면, 릴리처럼 감정을 자연스럽게 인정하고, 마음을 정리한 뒤 다음을 준비하는 아이도 있다. 이 차이는 정서조절 능력의 차이에서 비롯된다.

정서조절력은 자기효능감, 학습동기, 회복탄력성, 집중력, 사회적 관계와도 깊이 연관된 핵심 역량이다. 연구에 따르면 정서조절력이 높은 아이는 실패 이후에도 자신의 감정을 객관적으로 인식하고, 긍정적으로 해석하며, 다시 학습과 관계 속으로 돌아갈 수 있다. 반면 감정을 억제하거나 회피하는 전략은 동기 저하와 과제 회피, 정서적 위축으로 이어질 수 있다.

자기주도학습은 목표 설정, 실행, 피드백 수용, 전략 조정의 순환을 반복하는 과정이다. 이 전체 과정에 감정이 깊게 개입된다. 정서조절이 원활할수록 아이는 더 유연하게, 더 오래 학습을 지속할 수 있다. 실패한 뒤 "나는 안 돼"라고 자책하는 대신 "다음에는 더 나아질 수 있어"라고 생각한다면, 아이는 이미 자기주도학습자의 단계로 한 걸음 나아간 것이다.

릴리의 감정 흐름이 전하는 또 하나의 메시지는, 공감이 행동으로 이어질 때 관계적 배움이 일어난다는 점이다. 릴리는 실망에 머무르지 않고, 타인의 감정을 감지하고 반응한다. 공감은 감정이입에서 멈추지 않고, 관계를 변화시키는 실천으로 이어질 때 가장 큰 교육적 의미를 가진다. 학습 현장에서도 어떤 아이는 친구의 어려움을 외면하지만, 어떤 아이는 "같이 해보자"라고 말한다. 사회정서역량의 차이이다.

릴리는 '화동'이라는 역할에서 비껴나오지만, 그보다 더 큰 의미였던 진저와의 관계를 만들어낸다. 학습도 마찬가지다. 성적이나 결과만을 바라보기보다, 감정의 파도를 어떤 자세로 맞이하는지, 스스로를 어떻게 정리해 나가는지 함께 살펴볼 필요가 있다.

감정은 학습의 선택적 변수나 부가 요소가 아니라 필수 요소다. 아이가 감정을 표현할 때 "예민하다"고 단정하지 말고, 왜 그런 감정이 들었는지, 그 감정이 무엇을 말하는지 들어줄 필요가 있다. 감정을 소중히 여기는 경험이 쌓일수록 아이는 자신을 이해하고 조절할 힘을 기른다. 그 힘이 곧 배움의 지속을 가능하게 하는 동력이 된다.

『릴리의 멋진 날』은 작고 평범한 일상을 통해 정서적 성장, 관계의 회복, 학습 지속의 심리적 기반을 보여준다. 실망은 끝이 아니라, 정서지능의 무대이며 관계를 배우는 통로이고, 지속적인 학습을 이끄는 마음의 근력이다.

실망을 성장으로 이끄는 어른의 태도

　릴리의 감정 변화와 정서적 성장은 가족, 학교, 친구 등 일상의 공동체가 감정을 존중하고 지지했기 때문에 가능했다. 어른의 반응은 실망을 성장의 기회로 이끄는 출발점이 된다. 아이가 비현실적인 기대를 품거나, 기대가 무너질 때 어른이 어떤 태도를 보이는지는 매우 중요하다.

　릴리가 결혼식에서 꽃을 들고 싶어 했던 설렘은 그 자체로 진지한 감정이었다. 릴리의 부모는 이 기대를 부정하지 않으면서 릴리의 마음을 세심하게 배려한다. 화동이 되지 못할 가능성을 알리면서도 아이의 감정을 억누르거나 단정하지 않는다. 무조건적인 희망을 약속하거나, 냉정한 현실만 밀어붙이지 않는다. 반 아이들 중 릴리에게만 화동을 맡기면 불공평할 수 있고, 선생님에게 조카가 있을 수도 있고, 나중에 이모의 결혼식 같은 또 다른 기회가 올 수도 있다는 이야기를 조심스럽게 건넨다.

실망할 기대의 현실을 예고하면서도, 감정에 공감하는 부모의 태도는 아이에게 '실망해도 괜찮다'는 안전감을 준다. 아이에게는 감정 표현이 자유롭고, 감정을 지지해 주는 환경이 정서조절을 배우는 출발점이 된다.

예를 들어 친구의 생일 파티에 초대받지 못했을 때 "다음엔 꼭 불러줄 거야"라고 말하는 것보다 "많이 서운했겠다. 그런 마음이 들었구나"라고 말해주는 것이 더 깊은 지지다. 감정은 해결해야 할 문제가 아니라, 경험하고 소화하는 과정이다. 부모가 문제 해결자가 아니라 정서적 동반자가 될 때, 아이는 감정을 다루고 회복하는 힘을 배운다.

슬링어 선생님의 태도도 같은 맥락에서 의미가 있다. 선생님은 릴리의 기대를 무시하지 않으면서도 이미 조카 진저가 화동으로 정해져 있다는 사실을 분명히 알려준다. 대신 릴리가 함께 도울 수 있는 역할을 제안하며 실망 속에서도 의미를 찾을 수 있는 방향을 제시한다. 이러한 배려는 릴리가 자신의 존재가 존중받고 있다는 느낌을 갖게 하고, 실망 속에서도 새로운 자리를 찾아갈 수 있도록 돕는다.

실망은 모든 아이가 마주하는 자연스러운 감정이다. 어른이 실망을 문제 삼으면 아이는 감정을 숨기거나 외면하게 된다. 반대로 실망을 과정으로 받아들이고 곁에서 묵묵히 머물면, 아이는 감정 속에서 자신을 조절하고 다시 일어설 수 있는 힘을 키운다. 실망은 피해야 할 감정이 아니라, 충분히 겪고 회복할 수 있는 감정이다. 이 과정을 통해 아이는 자율성, 자기 조절력, 타인을 배려하는 마음을 함께 성장시킨다.

결국 릴리가 실망을 품고도 결혼식에서 타인을 도울 수 있었던 이유는, 릴리의 감정을 억누르지 않고 존중해 준 어른들 덕분이다. 감정을 잘 다루는 아이는 처음부터 성숙해서가 아니다. 실망을 말해도 괜찮고, 마음이 복잡해도 괜찮다는 안전한 심리적 환경 안에서 감정을 표현하고 존중받았기 때문이다. 이 경험이 반복될 때 아이는 점차 감정에 휘둘리지 않고 행동을 선택할 수 있는 자기조절력을 키우게 된다.

감정조절의 힘은 학습과 관계, 진로 등 아이의 삶에서 중요한 순간마다 아이를 지탱해주는 내면의 토대가 된다.

'함께 읽고, 마음 열기'
그림책코칭 질문

1. 기대와 설렘

- 릴리는 왜 결혼식에서 꽃을 들고 입장하는 역할을 하고 싶어 했을까?
- 너도 "내 생애 최고의 날이 될 거야"라고 기대했던 순간이 있었니? 그때 어떤 기분이었니?
- 기대가 커질수록 마음에 어떤 변화가 생기니?

2. 실망과 반응

- 릴리는 화동이 진저로 정해졌다는 사실을 알았을 때 어떤 마음이었을까?

- 기대했던 일이 어긋나 실망했던 경험이 있니? 그때 어떻게 행동했니?
- 실망했을 때 감정을 숨기는 것과 표현하는 것 중 어떤 것이 더 나에게 도움이 될까? 왜 그럴까?

3. 감정조절과 자기 이해

- 릴리가 곰 인형이나 그림을 통해 감정을 표현한 것은 어떤 점이 좋을까?
- 너도 힘든 감정을 안전하게 풀었던 방법이 있니?
- 감정을 솔직히 표현했을 때와 억눌렀을 때, 어떤 차이가 있었니?

4. 공감과 관계

- 진저가 긴장으로 움직이지 못했을 때, 릴리는 왜 주저하지 않고 도와주었을까?
- 친구가 힘들어할 때 도와준 경험이 있니? 그때 어떤 마음이었니?
- 반대로 네가 마음이 힘들 때 친구에게 도움받았던 경험이 있니? 그 후 친구와 관계에서 어떤 변화가 있었니?

5. 성숙과 의미

- 릴리는 원하는 역할을 하지 못했는데도 왜 "내 생애 최고의 날"이라고 말했을까?
- 실패나 실망을 겪고도 나중에 오히려 소중한 경험이었다고 느낀 적이 있니? 어떤 경험이니?
- 릴리가 처음에는 실망했지만 성숙으로 이어질 수 있었던 이유는 무엇일까?

Chapter.10

자기조절의 뿌리, 긍정의 힘

그림책 깊이 읽기

맷 데 라 페냐 글, 크리스티안 로빈슨 그림 | 행복을 나르는 버스 | 비룡소 | 2016

줄거리 요약

비 오는 일요일 아침, 시제이는 할머니와 함께 무료급식소에 가기 위해 버스를 탄다. 젖은 옷, 자동차가 없는 집, 무료급식소에 가야 한다는 현실이 마음에 들지 않아, 시제이는 불만과 질문을 계속 쏟아낸다. 하지만 할머니는 그때마다 지혜롭고 긍정적인 시선을 담아 조용히 반응한다.

시제이는 버스에서 다양한 사람을 만나고 풍경을 바라본다. 사람들과의 경험을 통해 세상을 눈으로만 보는 것이 아니라 마음으로도 세상을 볼 수 있다는 사실을 조금씩 깨닫는다. 시제이는 오래된 건물과 지저분해 보이는 거리에서도 아름다움을 발견하고, 할머니의 말을 마음 깊이 받아들인다.

마침내 무료급식소에 도착해 할머니와 함께 봉사하며, 이 시간을 긍정적으로 받아들인다.

버스에서 만난 다양성과
새로운 시선

    비 오는 일요일 아침, 시제이는 예배를 마치고 할머니와 함께 거리로 나선다. 그림 속 시제이의 표정은 밝아 보이지만 대화에는 불만과 속상함이 담겨 있다. 옷이 젖는 게 싫고, 자동차가 없어서 불편하며, 무료급식소를 가는 현실이 불만스러움을 표현한다. 어른에게는 그저 투정처럼 보일 수 있지만, 시제이에게 이 순간은 세상이 불공평하게 느껴지고, 자신이 결핍된 존재처럼 느껴진다.

    이러한 경험은 현실에서 느끼는 박탈감, 복지 서비스에 대한 낙인감, 사회적 거리감과 닮아 있다. 친구들이 가지 않는 곳을 가야 하는 경험, 낡고 지저분한 공간에 대한 부끄러움은 그 자체로 마음을 움츠러들게 만든다.

하지만 시제이의 하루는 불만으로만 흘러가지 않는다. 할머니와 버스를 타고 이동하는 동안, 시제이는 다양한 사람들과 마주한다. 시각장애인, 휠체어 이용자, 문신이 있는 남성, 거리의 음악가 등 시제이가 쉽게 접하지 못했던 사람들이다. 할머니는 누구 앞에서도 자연스럽게 인사하고 대화를 나누며, 세상은 훨씬 넓고 다채롭다는 사실을 시제이에게 몸소 보여준다.

시제이는 이 짧은 경험 속에서 '내가 알고 있는 세계가 전부가 아니구나'라는 것을 느꼈을 것이다. 지식을 전달받아 깨닫는 다양성이 아니라, 관계 속에서 느끼는 인식의 확장이다.

특히 시각장애인 아저씨와 나누는 대화는 인상적이다. "눈으로만 세상을 보는 건 아니란다.", "코로도 볼 수 있지요."라는 말은 다양한 감각과 관점이 존재함을 일깨운다. 시제이는 점차 '눈'이 아닌 '마음'의 렌즈로 세상을 바라보게 된다.

그림책에 사용된 콜라주 기법 역시 다양성이 모여 하나의 장면을 이루는 세계관을 시각적으로 드러낸다. 서로 다른 색종이 조각들이 하나의 장면을 이루듯, 각기 다른 사람들이 함께 살아가는 사회를 상징적으로 보여준다. 문신이 있는 남성, 쇼핑카트를 끄는 노숙인, 점박이 강아지, 노란 셔츠의 사람들까지. 누구도 완벽하거나 특별하지 않지만 각자 고유하고 소중한 존재임을 시각적으로 드러내는 장치이다.

버스 안에서 기타 연주자의 연주에 시제이는 귀를 기울이며 눈을 감는다. 감정이 뒤섞였던 시제이의 마음이 음악을 통해 스스로 안정을 찾는 절정의 장면이다. 세상이 달라지진 않았지만, 시제이는 세상을 바라보는 '시선'이 바뀌어 달라진 세상을 경험하게 된다.

『행복을 나르는 버스』는 교훈을 설파하지 않는다. 경험 속에서 자연스럽게 배우고 깨닫게 한다. 시제이는 다름을 인식하고, 감정을 조절하며, 공동체 속에서 자신이 어떤 존재로 설 수 있는지를 알아간다.

이 이야기는 아이들이 살아가는 세상을 사실적으로 보여주는 안내서다. 동시에 더불어 살아가는 사회가 어떤 모습이어야 하는지도 보여준다.

지금 우리는 무엇을 보고 있고, 무엇을 놓치고 있는가.

다름을 환대하고, 감정을 돌보고, 새로운 시선으로 세상을 바라볼 수 있는 힘.

그 힘이 아이와 어른 모두에게 필요하다.

긍정으로 이끄는 어른의 태도

비 오는 일요일, 시제이는 불편한 감정과 생각을 할머니에게 솔직하게 표현한다. 할머니는 단호하게 막거나 논리로 설득하지 않는다. 먼저 아이의 감정을 있는 그대로 받아준다. 그리고 간결한 말로 생각의 관점을 바꾼다.

"눈으로만 세상을 보는 건 아니란다."
"아름다운 것은 어디에나 있단다."

이 말들은 위로를 위해 꾸며낸 예쁜 말이 아니다. 감정을 억누르지 않으면서도 새로운 해석의 가능성을 열어주는 정서적 언어다. 아이가 느끼는 불편과 혼란을 인정하면서, 그 감정을 다른 시선으로 바라볼 수 있게 이끌어 주는 말이다.

시제이가 던지는 질문은 결핍과 부정적 인식에서 출발한다.

이것은 오늘날 많은 아이들이 경험하는 감정과도 연결되어 있다. 비교 의식, 불공정함에 대한 분노, 외형 중심의 가치관 속에서 아이들은 쉽게 "왜 나는 이렇지?", "왜 우리 집은 그래?"라는 질문을 품을 수 있다.

할머니는 그 물음에 논리로 설명하지 않는다. 대신 긍정과 상상력으로 답한다. 비는 나무들이 목말라서 오는 것이고, 자동차가 없기에 버스를 타며 다양한 사람들을 만날 수 있고, 세상은 눈뿐 아니라 마음으로도 볼 수 있다고 말한다. 설명이나 훈계가 아닌 함께 경험하며 건네는 짧은 말 한마디가 아이의 인식을 바꾸는 씨앗이 된다.

이 과정에서 시제이는 결핍으로 보였던 상황 속에서 새로운 의미를 발견한다. 무료급식소는 부끄러운 공간이 아니라 누군가와 따뜻하게 인사할 수 있는 장소가 되고, 자동차가 없는 삶은 불편이 아니라 만남의 기회가 됨을 깨닫게 된다. 이러한 경험은 인식을 바꾸는 정서조절과 긍정성 발달의 기반이 된다.

이런 전환은 그림책 안에서만 가능한 일일까. 현실에서도 충분히 가능하다. 아이가 자신의 처지를 부끄러워하거나 회피하고 싶을 때, 감정을 가볍게 넘기거나 억누르게 하면 오히려 혼란은 더 커진다. 그 감정을 그대로 받아주면서 긍정적 관점에서 바라보는 반응으로 부드럽게 전환할 수 있다. 이것이 정서조절코칭이다.

시제이는 처음에는 수동적인 동행자였지만, 점차 자발적으로 참여하고 의미 있는 관계를 만들어간다. 이 변화 뒤에는 판단하거나 가르치지 않고, 감정을 함께 경험하고 간결한 말로 방향을 바꿔준 할머니가 있었다. 바로 정서적 동반자이자 정서적 코치였다.

긍정성은 단순히 밝게 생각하자는 뜻이 아니다. 힘들어도 스스로를 응원할 수 있는 태도, 불편한 상황 속에서도 배울 수 있는 의미를 찾으려는 시도다. 아이가 "왜요?"라고 물을 때, 나는 어떻게 응답하고 있는가. 그 대답이 아이가 세상을 바라보는 시선이 될 수 있다.

긍정의 시선으로
세상 바라보기

    이야기의 마지막 장면은 글 없이 고요한 그림으로 마무리된다. 시제이는 버스 정류장에서 책을 읽고 있고, 옆에서 할머니는 뜨개질을 하고 있다. 왼편에는 가득 찬 쓰레기통이 있고, 오른편에는 무성한 나무 한 그루가 서 있다. 특별한 사건도, 대사도 없는 이 장면은 시제이의 내면 변화를 정적으로 보여준다.

    시제이는 더 이상 외부의 조건을 탓하지 않는다. 쓰레기통, 깨진 보도, 낡은 간판, 줄을 선 사람들, 길고양이 같은 풍경은 여전히 그대로이지만, 이제 시제이는 그 풍경을 결핍으로만 보지 않을 것이다. 조용히 책을 읽는 모습은 주어진 공간에서 자신의 리듬으로 시간을 채워 가는 아이의 성장을 보여준다. 할머니의 짧지만 깊은 말, 버스 안에서 만난 다양한 사람들, 무료급식소에서의 경험은 시제이에게 관점의 전환점을 만들어 주었다. 앞으로 시제이는 "왜 나만?" 이 아니라 "내가 할 수 있는 건 무엇일까?"라는 시선으로 세상을 바라볼 것이다.

마지막 정류장에 도착했을 때, 시제이는 "여기 오니까 좋아요."라고 말하며 할머니의 웃음을 기대한다. 하지만 늘 다정하게 미소 짓던 할머니는 이 말에 웃지 않는다. 할머니는 이 말이 반갑고 대견하지만, 웃음 대신 쓰다듬음으로 응답한다.

"나도 그래, 시제이. 어서 가자꾸나."

그림 속 무료급식소의 밝은 색감 속에도 결코 가볍지 않은 현실이 자리하고 있기 때문이다. 무료급식소를 찾은 사람들이 처한 상황들 앞에서 웃음이 선뜻 나올 수 없었을 것이다. 어른으로서 절제된 감정이 담겨 있다. 할머니의 쓰다듬음은 말보다 더 깊은 감정을 전한다.

마지막 장면의 책을 읽는 시제이의 모습은 내면이 안정된 아이, 의미를 스스로 발견해 가는 아이의 초상이다. 옆의 무성한 나무는 인식 변화로 잘 자란 시제이를 보여주는 듯하다. 나무가 자리를 지키며 성장하듯, 아이도 그렇게 자란다. 감정의 비를 맞고, 경험이라는 자양분을 흡수하며, 조용히 내면을 키워 온 것이다.

행복한 삶은 '삶의 조건'을 바꾸는 것이 아니라, 주어진 조건을 '긍정적으로 바라보는 것'이다. 그리고 그 긍정성을 키워내는 과정에는 옆에서 긍정적으로 바라봐 주는 어른의 시선이 큰 힘이 된다.

'함께 읽고, 마음 열기'
그림책코칭 질문

1. 감정 인식

- 시제이는 왜 비가 오는 일요일이 불만스러웠을까?
- 시제이가 "우린 왜 자동차가 없어요?"라고 묻는 마음 속에는 어떤 감정이 있었을까?
- 시제이의 상황에 너라면 어떤 기분일 것 같아?

2. 긍정적 관점의 전환

- 할머니의 "꼭 눈으로만 세상을 볼 수 있는 건 아니야"라는 말은 어떤 의미일까?
- 할머니는 왜 "아름다운 것은 어디에나 있다"고 했을까?
- 시제이는 왜 음악 소리를 아름다운 마법 같다고 느꼈을까?

- 시제이는 처음엔 가기 싫었던 무료급식소에 도착하자 왜 "여기 오니까 좋아요"고 말했을까?
- 할머니가 "여기 오니까 좋아요"라고 말하는 시제이에게 웃지 않은 이유는 무엇일까?
- 작가가 마지막에 책을 읽는 시제이의 모습을 보여주는 이유는 무엇일까?
- 최근에 불편했거나 불만스러웠던 일이 있었다면 무엇이니?
- 그 상황을 긍정적으로 바라보면 어떻게 생각할 수 있을까?

Epilogue

마음이 움직일 때 배움이 자란다

배움은 마음속에서 피어나는 작은 불씨로 시작된다. 무언가 해보고 싶은 마음, 생각을 흔드는 질문, 사소한 호기심, 자발적 선택, 그리고 '할 수 있다'는 신념이 하나하나 모여 배움의 불씨를 활활 타오르게 한다.

이야기 속 주인공들은 각기 다른 순간에 배움의 길을 열어 간다.

마르콜리노는 좋아하는 악기를 연주하며 자율성을 회복하고, 우로마는 실패 속에서 자신을 이해한다. 베티는 점 하나에서 자기효능감을 키워가고, 아이린은 절망과 상실을 이겨내며 더욱 단단해진다. 샘과 데이브는 협력하며 과정에 몰입한다. 존은 장애물을 극복하며 배움의 의미를 찾고, 늑대는 책을 읽으며 배움의 가치를 실현해 간다. 릴리는 실망을 넘어 성숙으로 나아가고, 시제이는 긍정의 눈으로 세상을 새롭게 바라본다.

여정은 모두 다르지만, 공통된 하나의 사실을 보여준다. 마음이 움직일 때 변화가 시작된다는 점이다. 하지만 우리는 종종 결과와 성취, 속도를 앞세워 아이의 성장을 판단한다. 그러는 사이 아이는 실패 후 다시 일어설 기회를 잃고, 자기 리듬으로 배우는 즐거움을 놓치기도 한다.

배움은 스스로 선택하고 책임지는 태도, 실패에도 다시 도전하려는 의지, 그리고 자신을 이해하는 과정 속에서 자란다.

여기에서 부모는 지시보다 공감으로, 판단보다 신뢰로, 아이의 마음에 귀 기울이며 스스로 선택할 수 있도록 지지하는 동반자가 되어야 한다. 그런 부모의 태도가 아이의 배움을 더욱 깊고 단단하게 만들어 준다.

그림책 인문학이 부모에게 필요한 이유도 여기에 있다. 그림책은 아이의 내면을 비추는 창이자, 부모 자신을 돌아보는 거울이다. 아이와 함께 그림책을 읽으며 던지는 몇 개의 질문은 삶과 배움에 대한 대화가 될 수 있다.

"무엇을 이뤘니?" 대신 "최근에 뿌듯했던 일은 뭐야?", "이번 경험에서 새롭게 알게 된 것은 무엇이니?", "어려웠을 때 어떻게 이겨냈니?"와 같은 질문은, 아이 안에 있는 배움의 불씨를 지켜주고 키워주는 부모 인문학의 언어다.

아이의 배움은 머리에서만 시작되지 않는다. 아이의 배움은 마음에서 시작되고, 그 마음을 지켜주는 부모의 태도 안에서 자란다. 지금 이 순간에도 아이는 자라고 있다. 곁에서 믿어주고 지지하는 부모의 태도가 아이의 성장을 더 깊고 단단하게 이끌어 줄 것이다.

그것이 부모가 줄 수 있는 가장 큰 선물이자, 진실한 사랑이다.

2025년 12월에
최 미 경 올림

참고문헌

⟨1차 자료 (그림책)⟩

- Cali, D. (2017). 피아노 치기는 지겨워 (심지원 역). 비룡소.
- Cao, W. (2020). 우로마 (신순항 역). 책읽는곰.
- Reynolds, P. H. (2011). 점 (김지효 역). 문학동네.
- Steig, W. (2017). 용감한 아이린 (김영진 역). 비룡소.
- Ross, T. (2020). 착한 어린이 대상! 제제벨 (민유리 역). 키위북스.
- Barnett, M. (2020). 샘과 데이브가 땅을 팠어요 (서남희 역). 시공주니어.
- Burningham, J. (2021). 지각대장 존 (박상희 역). 비룡소.
- Bloom, B. (1999). 난 무서운 늑대라구! (아기장수의날개 역). 고슴도치.
- Henkes, K. (2008). 릴리의 멋진 날 (이경혜 역). 비룡소.
- de la Peña, M. (2016). 행복을 나르는 버스 (김경미 역). 비룡소.

⟨2차 자료 (논문 & 저서)⟩

- 교육부. (2022). 2022 개정 교육과정 총론 해설: 초등학교. 교육부.
- 김상욱. (2006). 그림책을 활용한 문학교육의 방법. 한국초등국어교육, 32, 98-124.
- 김아영, 김성일, 봉미미, & 조윤정. (2022). 학습동기: 이론 및 연구와 적용. 학지사.
- 김주환. (2019). 회복탄력성: 시련을 행운으로 바꾸는 마음 근력의 힘. 위즈덤하우스.
- 김주환. (2025). 그릿 GRIT: 흔들리지 않고 무엇이든 해내는 마음근력. 인플루엔셜.
- 김진숙. (2009). 투사적 동일시의 의미와 치료적 활용. 한국심리학회지: 상담 및 심리치료, 21(4), 765-790.
- 나선희. (2014). 포스트모던 그림책으로서의 지각대장 존 읽기. 동화와 번역, 27, 69-90.
- 나선희. (2017). 아동 성장의 관점에서 본 용감한 아이린의 스토리텔링. 문학교육학, 54, 8-32.

- 서상윤. (2021). 다문화 그림책의 서사 연구: 칼데콧 수상 작품을 중심으로 (박사학위논문). 한남대학교 대학원.
- 이성엽. (2014). 그림책, 해석의 공간. 마루벌.
- 이수원. (2024). Burningham의 그림책 지각대장 존에 나타난 Bakhtin의 카니발 분석. 어린이문학교육연구, 25(1), 1-15.
- 이지수. (2020). 케빈 행키스의 그림책 연구: 아동의 발달과 성장을 중심으로 (박사학위논문). 한남대학교 대학원.
- 이지영. (2017). 정서조절 코칭북: 내 감정의 주인이 되어라!. 박영스토리.
- 이영준. (2020). 자존감을 통해 본 아동의 자아실현: 용감한 아이린과 매듭을 묶으며. 동화와 번역, 40, 156-179.
- 이영준. (2020). 사회적 소속감과 아동의 자아실현: 릴리의 멋진 날과 리디아의 정원을 중심으로. 스토리앤이미지텔링, 19, 161-187.
- 이영준. (2022). 아동의 성장과 친구관계의 중요성: 레온과 밥, 샘과 데이브의 구멍 파기와 피터의 안경을 중심으로. 스토리앤이미지텔링, 24, 131-158.
- 최영주. (2019). '배움은 여행' 은유로 분석한 그림책 지각대장 존. 언어과학, 26(2), 135-156.
- 최진. (2016). 그림책 읽기의 해석학적 순환과정에 대한 이해 (석사학위논문). 가천대학교 대학원.
- 현은자, 강은진, & 변윤희. (2016). 그림책의 그림읽기. 마루벌.
- Alderman, M. K. (2015). 성취동기 (김종남 외 역). 학지사.
- Deci, E. L., & Flaste, R. (2011). 마음의 작동법 (이상원 역). 에코의서재.
- Duckworth, A. L. (2016). 그릿(Grit): IQ, 재능, 환경을 뛰어넘는 열정적 끈기의 힘 (김미정 역). 비즈니스북스.
- Flora, S. R. (2015). 학습과 보상 (임웅 & 이경민 역). 학지사.
- Lewis, D. (2008). 현대 그림책 읽기 (이혜란 역). 작은씨앗.
- Nikolajeva, M. (2009). 아동문학의 미학적 접근 (조희숙 외 역). 교문사.
- Nikolajeva, M., & Scott, C. (2011). 그림책을 보는 눈 (서정숙 외 역). 마루벌.
- Nodelman, P. (2001). 어린이 문학의 즐거움 1 (김서정 역). 시공주니어.
- Nodelman, P. (2011). 그림책론 (김상욱 역). 보림.

부록

AI시대, 우리 아이는 무엇을 배워야 할까

　AI가 새로운 교육의 시대를 열어가고 있다. 인공지능은 방대한 정보를 빠르게 요약하고 분석하여 정답을 제시하며, 아이 수준에 맞춘 학습 안내까지 가능해졌다. 이제 지식은 누구나 쉽게 얻을 수 있는 시대가 되었다. 부모에게는 매우 편리하면서도 한편으로는 혼란스러운 상황이다. 그렇기에 자녀 교육에 대한 관점을 새롭게 정립할 필요가 있다.

　AI가 진보한 시대에 우리 아이가 반드시 배워야 할 것은 무엇인가?
　AI가 대신할 수 없는 배움의 가치는 무엇인가?

AI는 정보를 제시할 수 있지만, "왜 배워야 하는지", "무엇을 위해 살아야 하는지", "어떤 가치를 선택해야 하는지"와 같은 질문을 스스로 할 수 없고 답할 수도 없다. 이는 인간 고유의 영역이다. 또한 AI는 평균적이고 정형화된 답안에는 강하지만, 감각과 감성, 맥락을 꿰뚫는 창의적 통찰에서는 분명 한계를 가진다.

이 지점에서 인문학적 통찰이 중요해진다. 인문학적 통찰은 사람과 삶을 깊이 이해하고, 겉으로 드러나지 않는 본질과 맥락을 질문하며 의미를 발견하는 힘이다. 통찰은 보이는 것 안에 숨어 있는 본질을 꿰뚫어 보는 능력이며, 다음 세 가지 힘을 포함한다.

첫째, 타인을 진심으로 이해하고 공감하는 능력

둘째, 현상의 이면을 탐구하고 본질을 질문하는 비판적 성찰

셋째, 삶의 방향과 의미를 스스로 찾는 자기 탐색 능력

이러한 힘은 '똑똑한 학생'을 만드는 것에 초점을 두지 않는다. 익숙한 것에 안주하지 않고 새로운 시각과 낯선 질문 속에서도 의미를 발견하게 한다. 그리고 그 의미를 통해 자기 삶을 스스로 이끌어가도록 한다.

현재의 개정 교육과정은 이러한 관점을 제도적으로 반영하며, '미래사회 핵심역량'과 '학생 맞춤형 성장'을 핵심 키워드로 삼고 있다. 자기관리, 지식정보처리, 창의적 사고, 심미적 감성, 협력적 소통, 공동체 역량과 같은 핵심역량은 지식 전달만으로는 성장시키기 어렵다. 아이 스스로 배움의 이유를 깨닫고 의미를 찾는 경험이 필요하며, 그 토대에 인문학적 통찰이 자리한다.

또한 AI가 생성한 결과물을 비판적으로 평가하고 수정할 수 있는 AI 리터러시가 필수 역량으로 자리 잡았다. AI 리터러시 역시 인문학적 통찰과 맞물려 작동한다. AI시대 교육은 디지털 역량뿐 아니라 인간성, 가치 판단 능력을 동시에 요구한다. 인문학적 성찰 없이 배움은 공허해질 수 있다. 학생 스스로 왜 배우는지, 배운 것을 어떻게 활용할지 고민하지 않으면 핵심역량도 껍데기에 머물 가능성이 크다.

 이제 학습에서 중요한 것은 "얼마나 많이 아는가"보다 "어떻게 배우고, 그것을 삶과 어떻게 연결할 수 있는가"이다. 그 중심에 자기주도학습이 있다. 자기주도학습은 단순히 혼자 공부하는 습관이 아니다. 목표 설정, 방법 선택, 과정 점검, 결과 성찰까지 스스로 이끄는 힘이다.

 "왜 배워야 하는가"라는 내면의 이유가 분명해야 스스로 학습을 시작할 수 있다. 이때, 인문학적 통찰은 학습의 목적과 동기를 삶의 가치와 정체성에 연결시켜 준다. 실패도 성장의 과정으로 재해석하며 학습을 멈추지 않게 된다.

 결국 AI시대에 아이에게 가르쳐야 할 핵심은 지식을 많이 쌓는 것이 아니라 자기 삶의 방향을 세우는 힘이다. AI가 발전할수록 스스로 생각하는 힘, 질문하는 용기, 새로운 의미를 창조하는 상상력이 더욱 중요해진다.

 미래 교육은 학생이 배움의 이유를 묻고 내면의 가치를 발견하며 스스로 성장해갈 수 있도록 돕는 과정이어야 한다. 인문학적 통찰은 복잡한 세상 속에서 인간만의 깊이를 지켜내며, AI시대에도 흔들리지 않는 핵심 능력이 된다.

지금, 왜 그림책 인문학이 필요한가

　AI시대에 부모는 아이 마음을 이해하고 삶의 방향을 함께 고민하는 안내자가 되어야 한다. "공부 열심히 해라"라는 말보다 "왜 배워야 할까?", "무엇을 배우고 싶니?"라고 묻는 부모가 필요하다. AI가 대신할 수 없는 이 질문이 아이 내면의 배움의 불씨를 살린다.
　이때 필요한 것이 그림책 인문학이다.
　그림책 인문학은 간결한 이야기와 상징적인 시각 요소를 통해 인간과 관계, 가치, 삶의 본질적인 질문을 던지고 성찰하도록 돕는 교육이다. 정답이 없는 질문을 던지고, 다양한 관점으로 생각하며 자기 성찰과 타인 이해, 상호 존중을 배우는 과정이다. 정답 중심의 학습을 넘어 사고의 폭을 넓히고, 비판적 사고와 창의적 해석 능력을 함께 기를 수 있다.

그림책은 어린이만을 위한 책이 아니다. 짧은 글과 상징적 그림 속에는 삶의 통찰이 숨어 있다. 부모가 그림책을 읽는 일은 아이 마음을 들여다보는 창을 여는 일이다. 그리고 동시에, 자신의 내면을 비추어 보는 거울을 마주하는 시간이 된다.

그림책 인문학은 부모가 아이와 자연스럽게 대화할 수 있는 출발점이 된다. 그림책 속 인물의 감정을 따라가며 아이의 정서를 이해하고, 이야기의 상징을 통해 삶의 의미를 함께 묻는 과정이 인문학적 대화가 된다.

삶의 의미와 배움의 방향을 함께 고민하는 일은 결국 부모의 몫이다. 이러한 대화는 아이가 자기주도적으로 배우고 성장하는 든든한 기반이 된다. 부모가 인문학적 통찰을 길러줄 때, 아이는 기술이 대신할 수 없는 깊이 있는 자기주도학습자로 성장할 수 있다.

부모는 AI의 가능성과 한계를 이해하고, AI를 비판적이고 창의적으로 활용하도록 도와야 한다. 부모가 인문학적 대화와 리터러시 교육을 연결하는 다리 역할을 수행할 때, 아이의 내면적 성장과 지속적인 배움이 가능해진다.

그러기 위해서는 부모 스스로가 먼저 그림책을 읽고 자기 성찰의 시간을 갖는 일이 중요하다. 아이를 바꾸기 전에 부모가 먼저 변해야 한다는 사실은 교육에서 종종 간과된다. 부모가 그림책을 통해 자신의 삶을 성찰하고 아이 마음을 새로운 시선으로 바라볼 때, 아이의 배움도 달라진다.

그림책 이야기 속에서 아이 내면의 억눌린 자율성, 인정받고 싶은 마음, 표현하지 못한 좌절감을 발견하게 된다. 이런 통찰을 가진 부모는 아이의 행동을 문제로만 보지 않고 대화를 통해 함께 배움의 길을 찾아갈 것이다.

AI시대에 진정으로 필요한 것은 화려한 교재나 첨단 앱이 아니다. 무엇보다 먼저 부모가 자녀의 마음을 이해하고 자신을 돌아보는 깊은 성찰의 시간을 갖는 일이 우선되어야 한다. 부모가 먼저 질문하고 성찰할 수 있을 때, 아이도 내면의 질문과 성찰을 자연스럽게 배우게 된다.

"내 아이는 배움을 어떻게 받아들이고 있는가."
"나는 그 마음을 얼마나 진심으로 이해하고 있는가."

이 물음에 대한 답을 찾아가는 길이 바로 AI시대에도 흔들림 없이 교육의 본질을 지키는 길이다.

부모가 그림책 인문학을 통해 자신을 성찰하는 과정은, 무한히 빠르게 변하는 정보와 기술의 흐름 속에서도 아이 고유의 감성과 창의성을 지키는 '인간 중심' 교육 철학의 단단한 토대가 된다.

이제 그 첫걸음을 부모 스스로 내딛는 것에서 의미 있는 변화가 시작된다.

생성형 AI 시대, 자녀 진로·학습 설계의 길

AI는 이제 글을 쓰고, 그림을 그리고, 음악을 만들며, 코드를 작성하는 시대를 열었다. 이제 부모는 "AI가 우리 아이의 일을 대신하지 않을까?"라는 두려움보다, "AI와 함께 우리 아이가 자기만의 길을 어떻게 설계할 수 있을까?"를 먼저 물어야 한다. 부모가 변화를 먼저 이해하고 올바른 관점을 가질 때, 자녀는 흔들림 없이 미래를 준비할 수 있다.

AI의 본질, 도구로서 이해하기

많은 사람이 영화의 이미지처럼 AI를 스스로 생각하고 판단하는 존재로 여기기도 한다. 그러나 생성형 AI는 방대한 데이터를 학습해 질문에 가장 그럴듯한 답을 내놓는 고도화된 도구일 뿐이다. 두려움이나 신비의 대상이 아니라, 인간의 상상력과 사고력을 확장하는 협력자다.

부모가 이 본질을 먼저 이해해야 자녀에게도 "AI를 현명하게 활용하는 힘"을 길러줄 수 있다. 도구를 주도적으로 다루는 사람으로 설 것인지, 도구에 이끌려가는 수동적 존재가 될 것인지는 아이가 AI를 어떻게 받아들이느냐에 달려 있다.

AI는 도구, 주체는 자녀

이제 진로는 "어떤 직업을 택할까?"가 아니라 "변화 속에서 어떻게 나만의 길을 설계할까?"의 과정이다. AI는 흥미·성향·역량 데이터를 분석해 여러 가능성을 제시할 수 있지만, 그 결과를 그대로 따르는 것보다 스스로 물음을 던지는 경험이 중요하다.

"왜 이런 결과가 나왔을까."
"내 경험 중 어떤 부분이 반영된 걸까."
"이 가능성이 내 삶과 어떤 접점을 가질 수 있을까."

이런 질문을 통해 아이는 진로를 외부의 '결정'이 아닌 자기 해석과 자기 이해의 결과로 받아들이게 된다. AI 진단이나 시뮬레이션은 참고 자료일 뿐이며, 최종 판단은 아이 스스로 내려야 한다. 그리고 작은 시도와 기록을 반복할수록 성장의 발자취가 생기며, 변화의 시대를 살아가는 든든한 자산이 된다.

AI가 대신할 수 없는 창의성과 융합 역량

AI는 방대한 정보를 빠르게 처리하고 평균적인 답을 내놓는 데 강하다. 그러나 '새로운 가치'를 만드는 힘은 인간의 몫이다. 음악을 좋아하는 아이라면 연주 실력만 키우는 것이 아니라, AI 음악 도구를 활용해 자기만의 곡을 만드는 경험이 가능하다.

"내가 좋아하고 잘하는 것 + 시대가 요구하는 역량"의 접점을 찾는 대화가 진로 교육의 핵심이다. AI를 활용하되, 그 과정에서 질문하고 연결하며 새로운 의미를 만들어내는 아이가 결국 미래의 주인공이 된다.

평생 학습과 변화에 열려있는 태도

AI시대에는 한 번 정한 직업이 평생 보장되지 않는다. 중요한 역량은 끊임없이 배우고, 시도하고, 실패하고, 수정하며 다시 도전할 수 있는 태도다. 부모는 아이가 실패를 두려워하지 않고 새로운 길을 탐색할 수 있도록 곁에서 지지해야 한다. 작은 프로젝트나 동아리 활동 등 다양한 경험을 함께 이야기하며 아이의 강점을 발견하는 세심한 관찰자가 되어야 한다.

어린 시절 부모가 진로를 결정하고, 아이가 그 길을 따라가는 것은 진정한 의미의 진로가 아니다. 아이가 스스로 경험하고, 실패와 성공을 겪으며, 긍정적으로 자기를 이해할 수 있을 때 자기 진로를 정할 수 있다. 부모는 이 과정에서 든든한 지지자가 되어야 한다.

부모의 자율성 지지와 긍정적인 대화 경험이 쌓일수록 아이는 변화에 유연하게 대응하며, 배움 자체를 즐길 수 있게 된다.

인간적 가치와 감성 역량을 중심에

AI가 대체할 수 없는 영역은 공감, 협력, 책임, 윤리적 판단과 같은 인간 고유의 가치다. 진로를 고민할 때 부모는 "어떤 직업이 돈이 될까?"보다 "내가 세상에 어떤 가치를 만들고 싶은가?"를 묻게 해야 한다. 일상의 작은 대화 속에서 아이의 감정을 경청하고 공감하는 경험이 쌓이면, 아이는 "무엇을 잘할까?"보다 "무엇을 위해 배우고 싶은가?"를 고민하는 사람으로 성장한다.

생성형 AI는 자녀의 학습과 진로를 돕는 훌륭한 조력자이지만, 어디까지나 도구일 뿐이다. 주체는 자기 생각으로 판단하고 길을 선택하는 아이 자신이다. 부모의 역할은 자녀가 AI와 함께 배우며 현명하게 활용하는 법을 알려주고, 그 너머의 인간적 통찰과 가치로 향하도록 돕는 일이다.

AI시대에 중요한 것은 "AI보다 더 잘하는 것"이 아니다. AI가 대신할 수 없는 인간의 가치, 창의성, 주체적 성장의 태도다. 부모가 그 길을 함께 걸어줄 때, 자녀는 어떤 변화 속에서도 흔들림 없이 자기만의 진로를 설계해 나갈 수 있다.

북큐레이션 • 인간과 인공이 동행하는 시대, 현명한 교육법을 알려주는 라온북의 책
《AI시대, 부모의 인문학 그림책코칭》과 함께 읽으면 좋을 책. AI시대의 리더를 양육하는 부모의 좋은 동반자입니다.

행동력 시크릿

이하율 지음 | 19,500원

AI시대에도 인간만이 가진 마지막 무기, 그것은 '행동력'이다.

《행동력 시크릿》은 단순히 "열심히 살아라"를 외치는 자기계발서가 아니다. 저자 이하율은 자신이 직접 겪은 10년간의 도전과 실패, 그리고 재도전을 통해 행동의 심리학적 원리를 증명한다. 책은 우리가 왜 결심 후 3일을 넘기지 못하는지, 왜 목표를 앞에 두고 주저하는지를 심리학·뇌과학·습관학의 언어로 해부하며, '움직이는 인간'으로 다시 태어나는 실천의 철학을 제시한다.

머뭇거림을 끝내라, 인생은 움직이는 자의 것이다.

절대질문(絶對質問)

정진 지음 | 17,000원

아이들에게 저마다의 보물을 찾게 해주는, 경청과 질문의 강력한 힘, 《절대질문》

상대의 마음을 열지 못하는 자가 진정한 교육을 할 수 있을까?
사람이 삶을 통해 처음 마주하는 스승은 부모다. 너무나 당연하게도, 자녀의 마음을 열지 못하는 부모가 제대로 된 교육을 할 수 있을까?
이 책 《절대질문》을 통해 얻을 수 있는 가장 큰 메시지는 바로 이 지점에 있다. 자녀의 마음을 열고 내면에 들어가 자녀가 진정으로 원하는 것, 자녀의 잠재력, 자녀가 정말로 고민하는 것을 함께 들여다보고, 아이의 인생 첫 번째 스승으로서 부모의 역할을 제대로 할 수 있는 길의 첫 노정에서 우리가 넘어야 할 작은 언덕이 바로 '경청과 질문'의 태도이다. 마음을 열고 함께 걷는 사제동행의 길에서 헤쳐나가지 못할 역경이나 장애물이란 그리 많지 않다.

경청, 그 무한한 힘의 영향력을 자녀와 함께 느껴보라

성공하는 사람들의 에너지 관리법

시간 말고 에너지를 관리하라

한선영 지음 | 19,500원

**당신이 가진 잠재력을 끌어올리고
진정한 자아를 찾아가는 여정으로 나아가라**

누구에게나 시간은 24시간으로 동일하다. 그래서 학창 시절부터 우리는 동그란 원에 24시간을 빼곡히 채워가며 살아왔다. 이렇게 시간 관리에서는 시간을 얼마나 잘 쪼개 쓰고, 아껴 쓰느냐에 따라 개인의 성과가 달라진다. 이처럼 사람들은 흔히 자신이 가진 자원을 마치 2차원 평면처럼 여긴다.
물론 시간은 누구에게나 공평하게 주어진다. 하지만 같은 시간을 써도 어떤 사람은 더 많은 것을 이뤄내고, 더 깊이 성장한다. 그 차이는 바로 '에너지'에서 온다. '시간을 어떻게 쓸 것인가'보다 중요한 것은, '자신의 에너지를 어떻게 관리하고 투자할 것인가'다. 더 열심히 하는 대신 더 본질적으로 나답게 살 수 있는 기회가 바로 여기에 있다.

세상과, 사람과, 자연과 친구가 되는 법

미술 놀이의 기적

박성찬 지음 | 19,500원

**부모, 아이 모두가 행복한 육아의 길
자기주도적 교육법을 알려주는 《미술 놀이의 기적》**

최악의 출산율, 자살률, 가장 낮은 행복지수. 그런데도 우리 사회는 소중한 우리 아이에게 지금과 같은 육아법을 반복해야 할까?
아이 키우기가 이렇게 힘든 이유는 육아를 너무 잘하려는 것에서부터 시작되는 듯하다. 아이들은 아이대로, 부모는 부모대로 모두가 서로에게 잘하려고 하다 보니 서로가 힘들고 불행한 육아가 되고 있다. 육아는 그렇게 서로에게 무거운 짐이 되는 관계가 결코 아니다. 자신이 낳은 아이지만 아이가 본인의 소유라는 생각, 혹은 나의 자랑거리라는 의식을 부모가 벗고 나면 아이는 결코 내가 이고지고, 부모가 생각하는 방향으로 끌고 가야 하는 대상이 아님을 알게 된다.